DES CHOSES COMMUNES

DU

DOMAINE PUBLIC

ET

DES CHOSES COMMUNES

CONSIDÉRÉS AU POINT DE VUE DES DROITS, DES USAGES ET DES SERVITUDES AUXQUELS ILS DONNENT NAISSANCE,

PAR

Clément LABYE.

LIÉGE,
IMPRIMERIE DE Vᵉ VERHOVEN-DEBEUR,
Rue Devant-les-Carmes, 62.

1856.

DU DOMAINE PUBLIC

ET

DES CHOSES COMMUNES

CONSIDÉRÉS AU POINT DE VUE DES DROITS, DES USAGES ET DES SERVITUDES AUXQUELS ILS DONNENT NAISSANCE.

—◦❖◦—

PRÉLIMINAIRES.

PLAN ET DIVISION DE CE TRAVAIL.

J'ai considéré, dans un premier travail [1], les choses communes et les biens du Domaine public en eux-mêmes, c'est-à-dire dans les caractères et les propriétés qui leur sont propres. J'ai cherché à donner une idée aussi exacte que possible de ces biens qui sont d'une nature toute spéciale et qui jouissent de certains priviléges propres à assurer en tout temps leur intégrité et leur conservation. J'ai distingué : *le Domaine public proprement dit*, qui comprend les voies de communication par terre et par eau et les travaux destinés à défendre le pays contre les atteintes de l'ennemi, contre les ravages souvent plus dangereux des eaux débordées de la mer, dès fleuves ou des rivières ; *les biens de la communauté universelle* tels que la mer, l'air atmosphérique et la lumière ; *les choses communes* qui sont indivises de leur nature et dont l'appropriation ne peut avoir lieu que par le concours de l'autorité pnblique.

Après avoir exposé les règles qui servent à définir, à reconnaître et à délimiter les biens du Domaine public et leurs divers accessoires, il me reste à parler des droits, des usages et des servitudes qui dérivent de l'existence de ces biens et qui sont une conséquence de leur destination.

J'ai fait remarquer, au début de mon premier travail, que la matière du Domaine public n'est pas régie par un

[1] V. *Revue de l'Administration*, tom. 5.

ensemble de dispositions législatives coordonnées entre elles; la justesse de cette observation ressortira davantage de la nouvelle étude à laquelle nous allons nous livrer. Les droits, les usages et les servitudes auxquels les choses communes et les biens du Domaine public donnent lieu ne sont pas tous consacrés par des textes de lois positifs et ils présentent surtout des nuances très-variées dans la manière dont ils sont établis, maintenus, exercés, conservés et défendus.

Les particuliers ne peuvent exercer aucun de ces droits et usages, aucune de ces servitudes sans que l'autorité publique, chargée de veiller à la conservation du Domaine public, n'ait à manifester son action pour faire respecter les droits de tous et faire prédominer l'intérêt général.

Tantôt, cette action est préventive et se traduit par la nécessité d'une autorisation préalable qui permet à l'administration de formuler, dans chaque cas particulier qui se présente, les conditions qui seront imposées à l'exercice de ces droits ou de ces servitudes; tantôt elle est purement répressive c'est-à-dire qu'elle se borne aux règles exprimées dans les réglements de police que chacun doit suivre, sous peine d'être poursuivi pour infraction aux lois.

Cependant ce n'est pas à ce point de vue qu'il convient de classer ces droits, usages et servitudes: on serait entraîné par là à trop de distinctions et à trop de réserves. Il est une autre classification plus simple, plus rationnelle et plus conforme à la nature même des choses.

Envisagé en lui-même et dans les effets de son existence, le Domaine public vient, d'abord, au secours de la propriété privée qu'il protège, qu'il complète et à laquelle il permet de rendre une foule de services qui, sans lui, seraient impossibles et qui s'étendent au fur et à mesure que les arts et les sciences prennent eux-mêmes plus de développement; mais ensuite, et par une sorte de compensation, il impose à cette même propriété privée certains sacrifices qui la restreignent.

De là, deux grandes divisions qui me permettent de partager cette étude en deux parties correspondant à deux chapitres distincts. Nous envisagerons, d'abord, les services que rendent le Domaine public et les choses communes; nous examinerons, ensuite, les servitudes qu'ils imposent.

La première idée qui se présente à l'esprit est celle des services que rendent le Domaine public et les choses communes; leur étude formera le premier chapitre de ce travail. Ses subdivisions se présentent d'elles-mêmes. Nous rencontrons d'abord le droit le plus essentiel à la conservation et au maintien de la vie sociale le *droit de circulation* sur les voies de communication par terre et par eau. Mais l'homme n'a pas seulement besoin de se mouvoir et de communiquer avec ses semblables; un asile lui est indispensable pour abriter la vie de famille: il lui faut une demeure ayant sur la voie publique des accès, des issues et des jours, et le Domaine public aura pour destination de fournir *des droits de jour, d'issue et autres* à nos habitations. Certaines dépendances du Domaine public, en apportant aux uns tous les avantages de la vie sociale, ne peuvent pas être pour les autres une source de désastres et de ruine et les riverains des fleuves et des rivières doivent avoir *le droit de défendre leurs propriétés contre l'atteinte des eaux*; nous étudierons la nature de ce droit. Je traiterai ensuite de *l'usage des choses communes.* Enfin je dirai quelques mots de *l'usage des biens de la communauté universelle* tels que l'air atmosphérique, etc., et j'indiquerai le principe sur lequel repose la législation de certains établissements industriels qui peuvent l'altérer ou le vicier.

Le second chapitre sera consacré à l'examen des servitudes qui dérivent de l'existence du Domaine public. Ici je suivrai l'ordre qui se présente naturellement lorsqu'on considère les travaux publics dans la conception des projets, l'exécution des travaux, leur entretien, leur conservation; leur amélioration et leur usage. Il importe d'abord de dresser des plans, des nivellements, de faire en un mot des opérations topographiques : il faut qu'il y ait dans ce but, sur les propriétés en général, une *servitude de passage à travers champs pour les études préliminaires des projets.*

Après cela vient l'exécution des travaux et plus tard leur entretien : la loi a voulu que les propriétés fussent sujettes à *la servitude de fouille* ou *d'extraction de matériaux* pour les travaux publics.

L'entretien des voies de communication exige en outre certains sacrifices de ceux qui en sont riverains; ainsi ils doivent *souffrir l'écoulement des eaux de la voie publique et le rejet des boues des fossés.*

Enfin le législateur a considéré l'existence et le maintien des voies de communication comme une chose si importante qu'il a permis le *passage sur les terres riveraines des chemins devenus impraticables.*

L'usage des rivières navigables et flottables veut qu'on laisse le long de ces voies un espace libre : c'est la *servitude de halage ou marchepied.* J'ai déjà traité ce sujet sur lequel je ne reviendrai plus [1].

La découverte d'un nouveau et merveilleux moyen de communication a exigé dans ces derniers temps l'établissement d'une nouvelle servitude. Celle *de passage pour l'établissement des lignes télégraphiques.*

Les servitudes que je viens de passer en revue peuvent être appelées *positives* parce qu'elles grèvent la propriété immobilière de l'obligation de souffrir certains actes qui en diminuent la valeur par le préjudice qu'ils occasionnent. On doit ajouter à ces servitudes deux autres qui consistent dans l'obligation de faire de la propriété immobilière certain usage commandé par la loi, en vue de l'intérêt général; ce sont : *l'essartage des bois* sur une certaine largeur dans les forêts traversées par les grandes routes et la *plantation des dunes.* J'en parlerai d'une manière succincte.

Enfin il est des servitudes qu'on peut qualifier de *négatives* parce qu'elles prohibent certains usages de la propriété. Nous rencontrons d'abord *l'alignement* qui a déjà fait l'objet d'un travail spécial auquel je renvoye le lecteur [2].

---

[1] V. l'article que j'ai publié dans la *Revue de l'administration* t. I, p. 714.

[2] V. mon article sur *l'Alignement* dans cette même Revue, t. II.

Nous avons après cela *la prohibition d'exécuter certains travaux ou de faire certains dépôts* le long des voies de communication.

Je traiterai ensuite des *servitudes militaires*.

Les servitudes que je viens de passer en revue se rapportent toutes à l'existence du Domaine public proprement dit; il en est d'autres qui se rattachent spécialement à l'usage des choses communes, se sont:

1°. La servitude d'appui sur la propriété d'autrui pour les ouvrages destinés aux prises d'eau pour l'irrigation.

2°. La servitude de passage, pour les eaux d'irrigation, sur les fonds intermédiaires entre le terrain qu'on veut arroser et celui ou la prise d'eau est établie.

3°. L'interdiction de changer le cours d'une source qui fournit aux habitants d'une commune, village ou hameau, l'eau qui leur est nécessaire.

4°. La servitude, imposée aux terrains compris dans le périmètre d'une concession de mines, de souffrir les inconvénients résultant de l'exploitation et de la police, tels que l'établissement des chemins de service, la plantation des bornes fixant les limites de la concession, etc.

5°. La servitude de fouille pour la recherche des mines.

Les servitudes mentionnées sous les trois premiers numéros se rattachent d'une manière étroite à l'usage des eaux et il m'a paru convenable d'en parler à cette occasion. Celle dont il est question au n° 4 est une extension du droit d'issue aux voies publiques; quant à la servitude de fouille pour la recherche des mines, c'est à propos de l'usage de ces substances qu'il conviendrait d'en parler pour ne pas scinder inutilement le sujet. Je dirai plus loin le motif qui m'a déterminé à ne pas l'aborder dans cette étude.

Les droits qu'exercent les particuliers sur les diverses dépendances du Domaine public sont bien loin d'être absolus; ils sont, comme je l'ai déjà dit, soumis à toutes sortes de restrictions, les unes préventives, les autres répressives ou de police; quelques-unes enfin sont établies dans un but purement fiscal. Il en est à peu près de même des servitudes : un petit nombre d'entre elles s'exercent à titre gratuit, elles affectent la propriété sans compensation aucune; d'autres au contraire ne peuvent être établies sans indemnité.

Le but de cette étude est de faire connaître d'une manière assez détaillée les principes sur lesquels reposent l'existence de ces droits et de ces servitudes et les conséquences qu'il faut en tirer. J'exposerai aussi les mesures préventives ou les formalités préliminaires auxquelles leur exercice a dû être soumis pour assurer les droits de tous. Quant aux mesures de police proprement dites qui ont été imaginées pour assurer la conservation des dépendances du Domaine public ou des choses communes, pour faire régner le bon ordre et satisfaire aux exigences de la sécurité et de l'hygiène publiques, il n'en sera pas question ici. L'exposé de ces mesures exige un travail spécial dont j'ai recueilli et mis en ordre les matériaux et que je compte publier dans la suite.

CHAPITRE Ier.

DES DROITS ET USAGES.

— ❧❦❧ —

§ Ier.

DU DROIT DE CIRCULATION SUR LES VOIES DE COMMUNICATION PAR TERRE ET PAR EAU.

But et destination des voies de communication, 1.— Droit de circulation sur les routes et les chemins, 2. — Sur les rivières et canaux, 3. — Ce qu'on doit entendre par une rivière navigable, 4. — Circulation sur les cours d'eau non navigables, 5. — Du flottage à buches perdues, 6. — Du droit de circuler sur les francs-bords et chemins de halage, 7. — Sur les chemins de fer, 8. — A quelles conditions le droit de circulation sur les voies publiques peut être interrompu, 9.

1. Les voies de communication par terre et par eau sont de leur nature destinées à établir et à faciliter les relations entre les hommes. Le droit de les parcourir est donc inhérent à leur existence et il forme leur but essentiel ; mais il est assujeti à certaines règles et à des limites qui varient suivant qu'il s'agit de routes ou de chemins ordinaires, de rivières, de canaux ou de chemins de fer. Chacune de ces voies à une clientèle distincte et les agents de la circulation de même que les objets transportés diffèrent essentiellement sur chacune d'elles.

2. Les routes et les chemins forment les premières et les plus importantes des voies de communication: indispensables aux transactions les plus usuelles, elles constituent en quelque sorte les artères à travers lesquelles circule la vie de la société. Tout le monde en a besoin, le riche aussi bien que le pauvre, l'homme placé aux premiers rangs de l'échelle sociale, et qui ne s'en sert que pour

varier ses jouissances, aussi bien que prolétaire qui va porter chaque jour à la ville voisine le tribut de ses forces et de son labeur. Ces voies sont aussi les seules dont l'homme puisse faire usage sans le secours d'aucun moteur étranger ou d'un engin quelconque.

La loi romaine consacrait le droit de circulation sur la voie publique et n'admettait aucune entrave à son exercice [1].

Plus tard, la notion du Domaine public ayant été altérée sous l'empire du droit féodal, les seigneurs hauts justiciers ou le prince lui-même considérèrent les voies de communication comme leur propriété et ils frappèrent la circulation d'un impôt qu'on désigna sous divers noms.

Ces droits furent abolis par les décrets des 15-28 mars 1790 et des 25-28 août 1792.

Aujourd'hui la circulation sur les routes et les chemins est libre, sauf certaines réserves que j'indiquerai ci-après; l'autorité ne peut l'interdire que dans des cas exceptionnels, lorsque la sécurité publique l'exige: elle ne peut l'interrompre que momentanément et dans le cas de nécessité pour y faire les réparations nécessaires.

Ceci s'applique à la circulation en général. Mais il faut distinguer celle qui a lieu à l'aide des seuls moyens que la nature a donnés à l'homme et celle qui s'opère avec le concours de moteurs étrangers, et à l'aide d'instruments de locomotion; ces moteurs, animés ou inanimés sont les bêtes de trait, les bêtes de somme et la vapeur. Les instruments dont l'homme se sert pour la circulation sont les véhicules et engins de toute espèce, nommés brouettes, vélocipèdes, trainaux, voitures, chars, chariots, charettes, tombereaux, suivant le nombre de roues et la destination de l'engin.

La circulation de l'homme voyageant avec ses propres moyens de locomotion n'est soumise à aucune règle: celle des engins que je viens de nommer est sujette au contraire à toutes sortes de restrictions qui ont été établies dans la vue de maintenir l'ordre sur les routes et les chemins, d'assurer la sécurité des voyageurs et de préserver ces voies de certaines dégradations que l'abus des moyens artificiels de locomotion ou de transport ne manqueraient pas d'y occasionner.

Ces restrictions ont été formulées dans les réglements de police dont je m'occuperai dans un autre travail.

Il y a encore une réserve à faire pour la taxe des barrières établies sur nos routes. Mais cette taxe n'est pas, à proprement parler, une restriction apportée directement au droit de circulation. C'est un impôt d'une nature spéciale destiné à faire payer au roulage l'usure qu'il occasionne sur les voies dont il profite. Tout ce qui concerne la taxe des barrières doit également être traité à part.

3. La loi romaine portait au sujet des rivières: « L'édit du préteur est conçu en ces termes: Je défends qu'on empêche un particulier de conduire un vaisseau ou un bateau dans une rivière publique ou de le charger et de le décharger sur la rive. Je défends aussi qu'on empêche de naviguer sur

---

[1] Pretor ait quominus illi via publica, itinere ve publico ire agere liceat, vim fieri veto. Dig. lib. 43 Tit. 8, § 45.

un lac, un canal ou étang publics [1]. »

Il était impossible de consacrer d'une manière plus formelle le droit de circulation sur ces voies : mais le régime féodal vint aussi y porter atteinte et ce droit fut soumis à des restrictions plus grandes encore que celles établies sur les voies de terre. Le commerce du batelage s'exerça par des corporations jouissant de priviléges qui devinrent, en certains endroits, excessifs. Pour pouvoir naviguer sur la plupart des rivières du pays il fallait réclamer le concours de ces corporations. Chaque province, et même chaque ville un peu importante, avait la sienne et pour se rendre de l'une à l'autre on était souvent obligé de rompre charge plusieurs fois dans un trajet de peu d'étendue. Il y avait en outre des droits de passage, de halage, pontonnage, tonlieu, last-geld, pontgeld, waert-geld, etc. qui augmentaient les entraves.

Tous ces droits furent abolis par les décrets de l'Assemblée constituante rappelés ci-dessus. L'arrêté des représentants du peuple du 17 août 1795 (3 thermidor an III) et celui du Directoire exécutif du 25 juillet 1798 (7 thermidor an VI) assurèrent la liberté de la navigation sur l'Escaut et les rivières qui s'y rendent, prononcèrent la dissolution des corporations de bateliers, etc.

Les conditions et restrictions apportées au droit de circulation sur les rivières et canaux ont été régularisées, mais elles n'ont pas disparu. Les droits de péages féodaux ont été remplacés par un droit de navigation. Ce droit ne s'applique qu'aux bateaux ou embarcations du commerce. Mais il existe encore une prohibition générale de traverser les rivières navigables autrement que par le moyen des barques ou bateaux de passage qui sont affermés par l'Etat. Ce sujet doit faire l'objet d'une étude spéciale.

Enfin la navigation comme le roulage est soumise à des réglements de police.

4. Dans ce qui précède il n'a été question que des rivières et des canaux navigables. Quels cours d'eau doit-on ranger dans cette catégorie ? Il résulte des termes du décret du 22 janvier 1808 que c'est au Gouvernement qu'il appartient de déclarer si une rivière est ou non navigable.

Cependant la preuve qu'une rivière est navigable et flottable peut résulter, non seulement de titres et de documents administratifs, mais aussi d'un usage ou d'une possession d'état constante, c'est-à-dire la preuve peut être faite que le public jouit de la rivière comme navigable et flottable parce qu'une telle jouissance suppose nécessairement un titre primitif et antérieur émané de l'autorité compétente [1]. Cette doctrine a été admise par la Cour de Gand qui a décidé également qu'il n'appartenait pas aux conseils provinciaux de statuer sur le point de savoir si une rivière est navigable ou non [2].

Où s'arrête la navigabilité ? La ligne de démarcation entre la partie de la rivière qui est navigable et celle qui ne l'est pas n'est pas toujours rigoureusement tranchée. Il est rare qu'une

---

[1] Dig. liv. 43, Tit. XIV, § 1.

[1] Gand, 22 juillet 1844. J. XIX. S. 1845, 509.
[2] Arrêt du 19 février 1849.

rivière cesse tout-à-coup de porter bateaux en un point déterminé de son cours : Ceux-ci varient dans leur tirant d'eau et admettent tous les dégrés possibles dans leur tonnage. Si la rivière cesse d'être praticable pour les bateaux d'une certaine dimension, elle peut en admettre de plus petits et ainsi de suite jusqu'à ce qu'il ne soit plus possible de la pratiquer avec une embarcation quelconque. La question de savoir où cesse la navigabilité revient donc à déterminer le tirant d'eau auquel il faut s'arrêter pour pouvoir dire que la navigation proprement dite n'existe plus. Or ce point doit encore être laissé à la décision de l'administration lorsqu'il peut y avoir quelque doute à cet égard.

5. Mais une autre question se présente. A quel titre s'exerce la circulation en bateau sur les parties non navigables des rivières navigables ou sur certains cours d'eau qui peuvent porter des embarcations légères, bien que leur navigabilité n'ait pas été reconnue par le pouvoir administratif.

Les auteurs sont partagés sur cette question. M. Daviel [1], partant du principe que les cours d'eau non navigables appartiennent aux riverains, soutient que ceux-ci peuvent en défendre l'accès comme celui de toute autre propriété : MM. Proudhon et Dufour [2] sont d'un avis contraire. Un arrêt de la Cour de Douai a consacré leur opinion [3].

Pour nous qui considérons les petits cours d'eau portant bateau de leur fond, comme une dépendance du Domaine public, nous devons admettre que chacun a le droit d'y circuler et ce droit ne peut avoir d'autre limite que l'obligation de ne point nuire aux propriétés riveraines. Ainsi il ne peut être permis de les fouler ni de rompre des clôtures pour haler les embarcations. Il est également interdit d'amarer celles-ci aux arbres qui bordent la rive et de les dégrader d'une manière quelconque.

6. Il est un genre de circulation sur certains cours d'eau qui est propre à une catégorie d'objets déterminés : je veux parler du *flottage*. Celui qui s'opère par radeaux et trains de bois ne diffère en rien de la navigation ordinaire. Il est assujeti aux lois et aux réglements de police qui concernent celle-ci et il n'exige pas une mention spéciale. Mais il est un flottage d'une seconde espèce, celui *à bûches perdues* qui peut être pratiqué sur les cours d'eau non navigables, d'après des règles toutes spéciales.

Bien qu'il ne soit pas usité dans notre pays, il n'est pas inutile d'en dire quelques mots, car il est quelques petites rivières où on pourrait l'exercer.

Voici les principes consacrés par la législation française sur cette matière. L'exercice du flottage exige certaines mesures. Indépendamment de quelques travaux en lit de rivière, tels que ceux de curage, de dévasement, d'enlèvement de roches pour frayer le chemin, il faut aussi obtenir le passage sur les terres riveraines pour les ouvriers préposés à la conduite du flot ou chargés de repêcher les bûches perdues. C'est le Préfet qui arrête ces diverses mesures même lorsqu'il s'agit d'une rivière qui n'a pas été classée

---

[1] Lég. et prat. des cours d'eau, t. 2, n° 551.
[2] Droit adm., n° 1201. Dom. pub., n.° 1244.
[3] J. P. 2. 1846, 9.

jusque-là parmi les cours d'eau navigables. Ses arrêtés sont obligatoires, bien qu'ils n'aient pas encore été approuvés par l'autorité supérieure [1].

C'est à l'administration de régler et de répartir entre les intéressés les dépenses d'établissement et d'entretien utiles au commerce du flottage [2].

D'après la loi du 16 septembre 1807, il suffit que des travaux publics soient exécutés sur une rivière flottable, au profit du commerce de flottaison et de quelques riverains, pour que l'administration ait le droit de régler la disposition des travaux, le payement des frais par les intéressés et la part contributive de chacun d'eux [3].

Les frais d'une vérification de lieux ordonnée sur une demande en autorisation de flottage sont à la charge de celui qui l'a provoquée [4].

Suivant la cour de Colmar la faculté de flotter à buches perdues n'est pas de droit commun et ne peut s'exercer sur tous les cours d'eau non navigables ni flottables qui en sont susceptibles. Cette faculté de flotter n'appartient qu'à ceux en faveur desquels l'administration compétente l'a autorisée [5]. M. Daviel soutient cette opinion [6]. Foucart et Proudhon la combattent [7]. Je pense que dans notre pays il faut admettre la doctrine de ces deux derniers auteurs. Les petites rivières où le flottage à buches perdues peut s'exercer diffèrent à peine des rivières navigables : on doit les ranger dans le Domaine public [1]. Il n'y a aucun motif pour restreindre les services qu'elles peuvent rendre et en vue desquels la providence les a créées. Quant aux mesures administratives à prendre pour assurer l'exercice du flottage, il y a sous ce rapport une lacune dans notre législation et il serait à désirer qu'une loi sanctionnât les principes admis en France [2].

7. J'ai dit que la circulation sur les rivières et canaux ne peut avoir lieu qu'au moyen d'engins ou d'instruments particuliers. Ceci n'est vrai que pour la circulation propre à cette espèce de voie, c'est-à-dire pour l'action de naviguer. Mais les rivières et canaux sont munis de francs-bords et de chemins établis pour le halage des bateaux et le service de la navigation. L'ordonnance de 1669 qui enjoint aux propriétaires riverains des rivières navigables de laisser le long de ces rivières un espace libre pour le halage, porte que cet espace devra servir pour *chemin royal*. Cette disposition n'a pas reçu d'application dans notre pays. J'ai déjà dit quelle est la nature précise du chemin de halage et quel genre de circulation il comporte [3]. Quant aux francs-bords des canaux, la circulation n'y est un droit que dans

---

1 Cons. d'Etat, 20 janvier 1830 ; 27 févr. 1836.

2 Cons. d'Etat, 2 août 1816 ; 27 févr. 1835.

3 Cons. d'Etat, 12 mai 1819.

4 Cons. d'Etat, 3 déc. 1817.

5 Colmar, 6 février 1839, J. P. 1839, II, 83. Cet arrêt se fonde sur l'ordonnance de 1669, tit. XV, art. 52 ; sur les lois des 25 août 1792, art. 9 ; 16 24 août 1790, 6 oct. 1792 et 14 floréal an X.

6 Législ. et prat. des cours d'eau, t. II, n° 551.

7 Dom. publ., n° 1198 et suiv. — Eléments de droit public et administratif, t. II, 494.

---

1 V. ma première dissertation sur le Dom. public, n° 56 et suiv.

2 V. sur ce sujet mon Essai sur la législation des cours d'eau, p. 149.

3 V. mon article intitulé : *Du halage et du marche-pied*, t. I, de la *Revue de l'administration*, p. 714.

les limites et pour les besoins de la navigation. Cette circulation est assujetie à des règles consacrées dans les réglements de police de chacun d'eux.

8. Les chemins de fer viennent en dernier lieu dans la série des voies de communication. Ici la circulation est toute spéciale : elle ne peut s'exercer que par des moteurs exclusivement disposés à cet usage. Aux termes de l'article 1er de l'arrêté du 5 mai 1835, toute autre circulation que celle des locomotives et voitures de service pour la route de fer est interdite sur cette voie. Cette défense est annoncée par un poteau placé à chaque barrière. Cependant elle a souffert quelques exceptions et le Gouvernement délivre des cartes de circulation pour voyager à pied sur les chemins de fer. Ces cartes ont été fournies gratis jusqu'à la fin de 1847 : la loi du budget des voies et moyens du 31 décembre 1847 a autorisé le Gouvernement à les faire payer ; l'arrêté royal du 3 février 1848 en a fixé le prix à 5 francs.

Il n'y a d'exception à la règle qui défend la circulation à pied sur les chemins de fer que pour les fonctionnaires ou employés en général qu'un service public oblige de circuler dans les stations ou sur la voie ferrée : le Ministre des Travaux Publics en arrête la liste 1. Ces règles s'appliquent aux chemins de fer concédés ; les cahiers des charges annexés aux arrêtés de concession de ces voies portent que « toutes les lois, tous les réglements généraux en matière de grande voirie actuellement en vigueur, ou à intervenir par rapport aux routes et aux chemins de fer de l'Etat leur

sont applicables. » Il en résulte qu'il dépend des sociétés concessionnaires de permettre ou de prohiber la circulation des piétons sur les chemins qu'elles exploitent.

9. Dès l'instant qu'on reconnaît aux particuliers le droit de circulation sur les voies publiques, on serait tenté de croire qu'il faut admettre aussi qu'on ne peut les priver de ce droit ou les empêcher d'en faire usage sans indemnité ; mais une telle conclusion ne peut être admise d'une manière absolue. J'ai fait remarquer d'abord que le droit de circulation est soumis à toutes sortes de restrictions établies par les lois fiscales et par les réglements de police. Il y a en outre des interruptions qui sont commandées par la nécessité d'exécuter à ces voies les travaux d'entretien et de réparation nécessaires.

C'est ainsi qu'il faut, à certaines époques fixes, démonter le pavé des routes pour le réparer et ce travail exige qu'on interrompe parfois la circulation. Les travaux de curage à faire annuellement aux canaux de navigation occasionnent aussi l'interruption de tout service, puisqu'ils nécessitent la baisse des eaux.

Lorsque les voies de communication doivent être soustraites, pour une période de temps assez importante, à l'usage du public, celui-ci doit en être averti par les moyens ordinaires de publicité.

Les réglements ne contiennent aucune prescription formelle à cet égard en ce qui concerne les routes et les chemins et cela s'explique jusqu'à un certain point parce que les interruptions qui ont lieu dans la circulation sur ces voies ne sont ordinairement ni longues, ni fréquentes ; mais il n'en

---

1 Art. 4 de l'arrêté du 3 fév. 1848.

est pas de même des canaux et des rivières canalisées: ici les chômages peuvent être de longue durée et ils entraîneraient des conséquences très-dommageables s'ils avaient lieu inopinément. Aussi les réglements sur la navigation imposent formellement à l'administration l'obligation de faire connaître par la voie du *Moniteur officiel* ou de tout autre journal les époques précises de la baisse des eaux sur la plupart des voies navigables du pays 1. D'après la règle généralement suivie l'époque des chômages est déterminée pour chaque canal par le Ministre des Travaux Publics et sur la proposition des ingénieurs en chef. En cas d'urgence, le Gouverneur de la province peut aussi en décider.

L'interruption de la navigation sur chaque canal ou rivière canalisée entraîne de si graves conséquences pour le commerce que le Gouvernement a même cru devoir régler ce qui la concerne par un acte diplomatique qui assure la simultanéité des mesures à prendre à cet égard en Belgique et en Hollande.

Un réglement a été aprouvé et signé le 3 octobre 1851 par les représentants des deux pays. Il consacre les dispositions suivantes :

Un arrêté spécial pour chaque canal et rivière dont la navigation sera 'nterrompue, est pris, chaque année par l'autorité administrative des deux royaumes sur le rapport des ingénieurs à l'effet de déterminer le commencement et la durée de l'interruption de la navigation qui est réduite au nombre de jours indispensables à l'exécution des travaux.

Les ingénieurs en chef respectifs des ponts et chaussées pour la Belgique et du Waterstaat pour les Pays-Bas dans les provinces limitrophes proposent chacun, en ce qui le concerne, la durée de la baisse des eaux que nécessitent les travaux à exécuter ainsi que l'époque à laquelle cette baisse doit commencer.

Les deux gouvernements en se communiquant réciproquement les propositions des ingénieurs en chef respectifs s'entendent à l'effet de combiner l'époque et la durée de la baisse de manière à rendre simultanée l'interruption de la navigation dans les deux pays.

Les arrêtés relatifs à cette mesure sont pris le plus tôt possible chaque année.

Les cas imprévus et de force majeure exceptés, lorsque des travaux extrordinaires exigent sur une rivière ou un canal un chômage de plus de deux mois, le gouvernement auquel incombent ces travaux, après s'être entendu avec l'autre gouvernement, prend un arrêté spécial et motivé qui fixe le commencement de ce chômage et sa durée.

Cet arrêté est communiqué au gouvernement de l'autre pays, deux mois au moins avant le commencement du chômage.

Dans le cas où l'abondance des eaux ferait craindre pour l'agriculture des dégâts et des pertes, le gouvernement de la province intéressée de l'un ou l'autre pays a la faculté de faire

---

1 V. les réglements de police et de navigation du 10 fév. 1840 pour les embranchements du canal de Charleroy, art. 41 ; du 25 nov. 1844 pour le canal de la Campine, art. 2 ; du 9 juillet 1842 pour le canal de Maestricht à Bois-le-Duc, art. 2 ; du 2 déc. 1839 pour le canal de Mons à Condé, art. 3 ; du 1er sept. 1850 pour le canal latéral à la Meuse, art. 2, etc., etc.

baisser les canaux et les rivières après s'être concerté à ce sujet avec l'administration de la province limitrophe ou bien s'il y a urgence après que les ingénieurs en chef respectifs dans les provinces intéressées en sont convenus entre eux afin que la baisse d'eau s'effectue de manière à ne pouvoir causer d'inconvénients à l'autre partie.

Ce réglement est applicable à tous les canaux et rivières qui coulent d'un pays dans l'autre à l'exception du canal de Gand à Terneuzen.

Il nous sera maintenant facile, après les éclaircissements qui précèdent, de résoudre la question de savoir comment et dans quelles circonstances l'interruption de la circulation sur les voies publiques peut donner lieu à indemnité au profit de ceux qui auraient pu en souffrir.

S'il y a faute ou négligence grave de la part des agents de l'administration, ou des entrepreneurs de travaux publics, s'il y a omission des mesures de précaution ordonnées par les réglements de police, ces agents ou ces entrepreneurs peuvent évidemment être rendus responsables.

Mais quels actes peuvent être qualifiés de faute grave? Il serait assez difficile de les préciser en ce qui concerne les routes; les réglements n'imposant pas d'une manière formelle à l'administration l'obligation d'informer le public des interruptions nécessitées par les besoins du service, la seule chose que l'on pourrait avec fondement reprocher à un entrepreneur, serait d'avoir démonté une route avant de s'être assuré qu'il avait à sa disposition les matériaux nécessaires à sa réparation et d'avoir ainsi interrompu la circulation beaucoup plus longtemps que cela n'é-

tait nécessaire. Ordinairement les cahiers des charges des travaux de cette espèce fixent les délais pour leur exécution et imposent aux entrepreneurs l'obligation de tenir libre les voies de communication. Tout ce qu'on pourrait désirer c'est que ces prescriptions fussent plus formelles, plus générales et garanties par des pénalités d'une application plus facile.

A l'égard des canaux il est plus aisé de dire si l'interruption de la circulation peut ou non être imputée à faute à l'administration. Nous avons vu que les réglements attribuent au Ministre le pouvoir de fixer la durée et l'époque des chômages et lui prescrivent d'en avertir le public un mois d'avance. Il suffit de l'omission de ces formalités pour engager la responsabilité de l'administration. C'est ce qui a été jugé par le tribunal et la cour de Liége dans l'espèce suivante.

Le canal de la Campine sert en même temps à la navigation et à l'irrigation des plaines de cette localité. Deux bateaux, en destination pour Herenthals, furent un jour arrêtés dans leur marche par suite d'une baisse extraordinaire des eaux. Le batelier prétendit que cette baisse était due à l'excessive dépense d'eau qui avait eu lieu pour l'irrigation; qu'en tout état de choses elle devait être annoncée au préalable; que par conséquent l'administration était en faute et tenue à des dommages-intérêts envers le plaignant. L'Etat soutenait l'incompétence des tribunaux et niait qu'il y eut faute de la part de ses agents.

Le Tribunal de Liége par un jugement du 18 juillet 1854 accueillit la demande du batelier: attendu, en ce qui concerne l'exception d'incompétence, que le demandeur ne contestait pas au pouvoir administratif le droit de régler la distribution des eaux du canal de la Campine dans l'intérêt de la navigation et des irrigations ; que son action avait eu uniquement pour but d'obtenir des dommages-intérêts fondés sur ce que les agents préposés par l'administration avaient opéré la baisse des eaux en omettant les formalités exigées par les réglements ; qu'ainsi le tribunal loin d'être appelé à apprécier ou à contrôler un acte de l'autorité administrative, avait été plutôt requis d'assurer l'exécution des réglements et de décider jusqu'à quel point la violation de ces réglements pouvait donner lieu à une demande de dommages-intérêts ; attendu, en ce qui touche la fin de non recevoir, qu'en se réservant la gestion et l'administration du canal de la Campine et en s'en attribuant le droit de navigation l'Etat belge s'est, par cela même, *tacitement obligé envers les bateliers à le maintenir en état de navigabilité,* sauf les cas de force majeure ; que cette obligation se trouve même formellement exprimée dans l'article 1er de l'arrêté royal portant réglement de police et de navigation, lequel s'exprime ainsi : *les dimensions du canal sont déterminées de manière à assurer à la navigation un tirant d'eau d'un mètre cinquante centimètres ;* qu'il résulte manifestement de cette disposition que le batelier qui fait usage du canal après avoir acquitté le péage a le droit de compter que les eaux auront 1m50 d'élévation lorsque le chômage ou la baisse n'a pas été ordonnée et annoncée conformément à l'art. 2 du dit réglement ; attendu que l'Etat ne prouve pas que la baisse dont se plaint le batelier a été annoncée, etc., etc.

La Cour de Liége ayant eu à s'occuper de ce jugement qui lui fut déféré, le confirma en ce qui concerne la question de compétence. Pour le fond elle dût s'abstenir parceque les dommages-intérêts avaient été évalués à une somme inférieure au taux du dernier ressort [1].

Je pense que pour le fond, le jugement du tribunal de Liége est inattaquable et qu'il a consacré les vrais principes en ce qui concerne le droit de circulation sur les voies du Domaine public.

[1] Cour de Liége, 25 janvier 1855. Pasc. 1855, 2, 185.

$ 2.

DES DROITS D'ISSUE, DE VUE ET AUTRES SUR LES VOIES PUBLIQUES.

10. Nous venons d'envisager les voies de communication au point de vue de la circulation en général et nous avons vu qu'elles ont pour destination essentielle d'établir et de faciliter entre les hommes les relations indispensables au maintien de la vie sociale. Considérées par rapport aux

propriétés elles-mêmes, elles nous apparaissent sous un nouveau point de vue qui doit aussi fixer notre attention.

D'après l'idée que nous avons du droit de propriété, chacun est maître chez soi et peut interdire à autrui l'accès et l'usage de son héritage. Bien plus, chacun doit pouvoir défendre sa propriété contre les regards indiscrets du voisin.

Ainsi donc, en règle générale, aucun droit d'usage, d'issue ou de jour n'existe en faveur d'un héritage sur un autre. Or les voies de communication sont une sorte de terrain neutre où chacun peut exercer les *droits* qui lui sont interdits sur la propriété d'autrui. Elles constituent le *Domaine public* sur lequel on peut prendre les issues et les jours qui sont indispensables à la commodité des habitations, et où l'on peut exercer certains usages que réclame la vie domestique.

M. Husson[1] n'admet pas que les droits de jour et d'issue, dont jouissent les propriétaires riverains des rues, soient des droits réels et qu'ils puissent par conséquent subsister après la suppression de ces voies. « Si les propriétaires n'ont aucun droit de propriété ou de servitude sur les rues tant qu'elles sont ouvertes, nous ne concevons pas, dit-il, comment ils peuvent en acquérir sans aucune des circonstances prévues par le code civil, à l'instant où un acte administratif décide leur suppression.... Le droit d'y circuler, tant qu'elles conservent leur destination est le principal droit inhérent à leur existence et à leur nature. Le droit d'habitation, celui d'ouvrir des jours et issues ne sont que des accessoires ou,

si l'on veut, des variétés du droit de circuler. Or, si le droit de circuler n'est qu'un droit précaire, tous ceux qui en découlent doivent suivre sa condition : leur suppression ne saurait donc jamais donner lieu à indemnité. » L'auteur avoue cependant que cette solution à laquelle il se croit amené par la rigueur du droit semblera inique et monstrueuse par ses conséquences. Mais il ajoute que cette difficulté est plus imaginaire que réelle et que dans la pratique la suppression des voies publiques est entourée de formalités administratives qui garantissent les droits des riverains, qui ont sur les parties de chemin supprimées un droit de préférence que leur assure la loi; qu'il est seulement fâcheux que les dispositions administratives actuellement suivies ne soient point réglées par une loi.

Passant ensuite aux conséquences du droit absolu de jouir de la voie publique après son déclassement ou d'obtenir des indemnités, M. Husson s'efforce de démontrer que ce droit serait également injuste; il prétend que si le droit de jour et d'issue sur les voies publiques était réel et absolu, il ne pourrait être permis à l'administration de rien entreprendre qui fût susceptible non seulement de détruire mais de restreindre l'exercice de ce droit, et que dès lors les simples changements de direction qui, pour plusieurs propriétés, peuvent augmenter le parcours, une modification quelconque du pavé devant les seuils, l'ouverture du fossé longitudinal, l'interruption momentanée de la circulation, seraient autant de causes d'indemnité à la charge des communes. La moindre réflexion suffit pour faire com-

[1] Lég. des trav. publics, t. 2, p. 465.

prendre que le raisonnement de cet auteur n'est nullement fondé. Il argumente d'abord de ce que le droit de circuler sur les routes est un droit précaire : mais il eût fallu établir cette précarité. Sur quoi la fonde-t-il? Il n'en dit rien. Il ajoute que les droits d'issue et de jour ne sont qu'un accessoire du droit de circuler : mais c'est encore là une assertion toute gratuite. Chacun des droits dont il s'agit a une existence propre. Le droit de circuler est un droit personnel qui est la conséquence directe et immédiate de l'existence des voies publiques ; les droits d'issue et de jour sont des droits réels qui s'exercent à l'aide d'ouvrages établis à demeure le long de ces voies. Ces droits sont limités sans doute ; ils doivent s'exercer conformément aux lois et aux réglements, mais il n'en existent pas moins pour cela. M. Husson s'effraye des conséquences qn'on peut tirer de cette doctrine : mais ces conséquences ont été admises par la jurisprudence et il est impossible de les contester, surtout dans notre pays (n° 38 inf.).

Proudhon [1] s'est livré sur cet objet à une discussion très-approfondie : il fait une distinction entre les droits que les propriétaires riverains des voies publiques prétendraient exercer contrairement à la destination et aux agréments de ces voies et ceux dont l'exercice est conforme à cette destination parce qu'il rentre dans l'usage pour lequel la voie publique est établie.

En ce qui concerne les premiers il fait remarquer que le sol des voies publiques est imprescriptible et que personne ne peut y exercer aucun droit exclusif tel que celui d'y faire une anticipation quelconque au moyen de marches d'escalier, d'entrée de cave, de balcon, d'ouvrages en saillie, de bancs de pierre, de canaux, de souterrains, etc. J'ai déjà fait voir que la jouissance de pareils droits ne peut jamais être que précaire pour les particuliers. En ce qui concerne les seconds il fait remarquer qu'ils se réduisent au droit de voie directe, d'entrée et de sortie, de dépôts momentanés et nécessaires d'objets d'approvisionnement de ménage, de matériaux pour les constructions et réparations, etc. à charge de se conformer aux réglements de police. Ce sont des droits réels et non de pure tolérance ; car les voies publiques sont, par leur nature, asservies à toutes les aisances et commodités des maisons et des héritages qui les entourent.

Cette manière d'envisager les droits d'issue, de jours, de dépôts momentanés, etc. sur la voie publique est rigoureusement conforme aux principes que j'ai déjà exposés.

Mais les voies de communication sont faites pour tout le monde : il faut que chacun puisse y avoir accès. Le droit d'y aborder ne doit donc pas exister seulement pour les propriétés qui les touchent immédiatement, il faut encore qu'il soit possible pour les héritages plus éloignés qui seraient enclavés et la loi a établi en faveur de ces derniers une servitude de passage sur les terrains qui les séparent de la voie publique.

Je traiterai donc successivement dans ce paragraphe du droit d'issue et d'abordage à la voie publique et des règles relatives à l'enclave ; du droit de jour dans ses rapports avec les propriétés

---

[1] Dom. publ. n° 565 et s.

particulières et la voie publique; de quelques usages auxquels celle-ci est soumise tels que l'écoulement des eaux pluviales, le dépôt momentané de certains objets, etc.; enfin des conséquences que l'on doit tirer de l'existence de ces divers droits.

11. La loi romaine reconnaissait en ces termes le droit d'issue et de vue sur les voies publiques. « On est censé souffrir quelque préjudice quand on perd quelqu'avantage qu'on tirait du lieu public, quel qu'il soit. Ainsi, si la nouvelle entreprise gêne la vue ou l'accès que quelqu'un avait sur le lieu public, on peut recourir à l'interdit 1. » Ainsi l'édit du préteur assurait aux citoyens les droits d'issue et de jour sur la voie publique.

Le droit d'issue est consacré implicitement en ce qui concerne les routes et les chemins par l'art. 53 de la loi du 16 sept. 1807 qui donne aux particuliers dont la propriété a été séparée de la voie publique par suite d'alignement le droit d'obtenir la cession des terrains intermédiaires et le conseil d'Etat 2 a reconnu que l'application de cet article de la loi de 1807 pouvait être faite à des attérissements formés le long d'un fleuve dont les propriétaires riverains réclament la cession.

Le droit d'issue et d'abordage à la voie publique dérive, ainsi que je l'ai dit, de la destination même de cette voie, mais on se rappellera ici la distinction déjà établie entre les diverses voies de communication, suivant le mode de circulation qu'elles comportent; ce n'est que pour les routes et les chemins que le droit d'issue est absolu sauf l'observation des réglements de police; il est plus restreint sur les canaux et il ne s'exerce pas sur ces voies au même titre que sur les rivières.

Les canaux ont pour destination principale de faciliter l'industrie des transports par eau : leur but immédiat n'est pas de desservir les héritages qu'ils traversent et de leur fournir une issue : ceux-ci ont ordinairement d'autres voies pour communiquer avec le dehors. On peut en dire autant des rivières en observant toutefois que la qualité de riverain est ici le résultat de l'état naturel des lieux.

Sur les uns et sur les autres, le droit d'issue ou d'abordage est soumis à des règles sévères lorsqu'il s'agit de l'exercer à d'autres endroits que ceux qui sont à la disposition du public. Personne n'a le droit de pratiquer dans les berges des canaux ou des rivières des rampes, des escaliers ou des abords pour la navigation sans y avoir été autorisé au préalable par le Ministre des travaux publics ou la Députation permanente, suivant que ces voies sont administrées par le Gouvernement ou par l'autorité provinciale. Ces autorisations déterminent la nature des travaux à exécuter, le délai dans lequel ils devront être achevés, et l'obligation pour l'impétrant de les maintenir constamment en bon état.

Pour le chemin de fer ce droit n'existe que dans des limites très-restreintes. On sait que toute circulation autre que celle des locomotives y est interdite; mais les particuliers peuvent être autorisés, sous certaines conditions,

---

1 Proinde si cui prospectus si cui aditus sit deterior, aut angustior, interdicto opus est. Dig. lib. 43 Tit. VIII, § 11 et 12.

2 Cons. d'Etat, 1 juin 1849. Ann. P. et ch. XXVII, 549.

à s'y relier au moyen d'embranchements ou d'abordages.

Cette faculté d'aborder le chemin de fer au moyen de voies accessoires, destinées à y conduire les produits des fabriques des manufactures avoisinantes etc., constitue-t-elle un droit pour les propriétaires de ces établissements? Sans l'affirmer d'une manière absolue, on doit soutenir que le Gouvernement ne pourrait raisonnablement s'opposer à la construction de ces embranchements que pour autant que l'intérêt public l'exigeat absolument: dans le cas, par exemple, où ils seraient une cause de danger pour l'exploitation du chemin de fer lui-même; au surplus le Gouvernement a toujours inséré dans les actes de concession de chemins de fer, qu'il a accordées pendant ces dernières années, une clause d'après laquelle il est loisible à qui que ce soit d'établir le long du chemin de fer des abordages avec des machines, engins, etc., pour le chargement et le déchargement des waggons à la condition d'établir, en dehors, des voies latérales de raccordement.

Si le Gouvernement stipule ces garanties pour les particuliers à l'égard des chemins de fer concédés, il va de soi qu'il n'aurait aucun prétexte de les refuser quand il s'agit d'aborder le chemin de fer qu'il exploite lui-même.

12. L'exercice du droit d'issue ou d'abordage, en tant qu'il a pour effet d'occasionner quelques travaux sur ou le long des voies de communication, ne peut avoir lieu sans une autorisation préalable de l'administration qui ne l'accorde que moyennant l'accomplissement de certaines conditions.

Un arrêté royal du 12 mai 1840 contient à cet égard les prescriptions suivantes : « Art. 1ᵉʳ. Les riverains des routes ne pourront construire à demeure aucun ouvrage sur les fossés qui bordent ces communications sans en avoir au préalable demandé et obtenu l'autorisation de la part de la Députation permanente du Conseil provincial.

Cette autorisation stipulera dans tous les cas que l'ouvrage devra être exécuté en maçonnerie et en indiquera les formes et les dimensions suivant l'avis de l'ingénieur en chef des ponts et chaussées. »

« Art. 2. Tout ouvrage établi sur les fossés sans autorisation, sera soumis au contrôle spécial de l'administration des ponts et chaussées. Il sera toléré par elle dans ses formes et dimensions, quels qu'en soient les matériaux et le mode de construction, toutes les fois qu'il ne devra servir qu'à un usage temporaire et provisoire et qu'il ne présentera d'ailleurs pas d'obstacle, soit à l'écoulement des eaux, soit à la circulation sur la voie publique.

Dans le cas où les agents de l'administration reconnaîtraient, ou bien que la construction doit servir à un usage permanent, ou bien, que destinée seulement à un service temporaire, elle demeure en place lorsqu'elle n'est plus nécessaire à ce service, ou enfin qu'elle fait naître des obstacles à la marche des eaux ou à la circulation sur la route, l'administration en exigera immédiatement la démolition et y fera au besoin procéder d'office. »

L'arrêté du 9 juillet 1842 est venu ensuite comminer des peines pour toute contravention aux dispositions de celui du 12 mai 1840.

Ainsi donc quiconque projette d'ouvrir une issue sur la voie publique ou d'y aborder par un embranchement de chemin doit adresser sa demande sur timbre au Gouverneur de la province; cette demande indique sommairement la nature des travaux à faire et le lieu où on doit les exécuter. S'il s'agit d'un simple aqueduc à construire sur le fossé d'une route pour communiquer des champs riverains avec celle-ci, l'arrêté d'autorisation qui est rendu par la Députation permanente prescrit ordinairement: 1° les dimensions et le mode de construction de l'ouvrage; 2° que son entretien et son curage sont à la charge de l'impétrant; 3° que la partie de l'accotement adjacent à l'aqueduc devra être pavé de manière à ménager un filet d'eau suivant l'axe de cet ouvrage; 4° que l'alignement de cet ouvrage sera tracé sur les lieux par le conducteur des ponts et chaussées du district qui en déterminera la hauteur et l'inclinaison.

S'il s'agit d'établir un chemin pour communiquer avec la route, l'arrêté d'autorisation, indépendamment de la construction d'un aqueduc sur le fossé de la route, impose les obligations suivantes : 1° l'établissement d'une partie d'empierrement ou de pavage sur l'accotement de la route au débouché du chemin ; 2° la plantation de bornes ou chasse-roues au pied des arbres entre lesquels le passage est pratiqué, si la route est garnie d'une plantation ; 3° l'obligation pour l'impétrant d'entretenir ces ouvrages, d'assurer l'écoulement des eaux de la route, etc.

S'il s'agit de rampes d'abordage ou d'escaliers à pratiquer pour communiquer avec un canal, une rivière, etc., l'arrêté d'autorisation fixe les dimensions et la position de ces ouvrages et la nature des matériaux dont ils doivent être faits.

Il est de règle générale pour tous les travaux dont nous nous occupons ici : 1° que leur entretien incombe exclusivement à ceux qui les ont fait exécuter ou au profit desquels ils existent. Quand bien même cette condition ne serait pas exprimée dans l'arrêté d'autorisation, elle est de droit ; 2° que l'exécution de ces ouvrages ne doit porter aucune atteinte aux conditions ordinaires dans lesquelles sont établies les voies de communication. Ainsi la construction d'un aqueduc, l'établissement d'un chemin d'abordage, l'exécution d'un trottoir, etc., ne peuvent avoir pour effet de restreindre les dimensions des fossés, des accotements d'une route, etc.

13. On insère ordinairement dans les arrêtés d'autorisation que la démolition de ces ouvrages, pour cause d'utilité publique, ne donnera lieu à aucune indemnité en faveur de l'impétrant. Il est aisé de justifier cette clause et d'en expliquer le sens.

Elle signifie que l'intérêt général de la circulation ou le bon état de la route prime ici tout autre intérêt et que si l'administration venait à faire disparaître les travaux dont il s'agit pour élargir le fossé, pour le déplacer, etc., les particuliers ne pourraient réclamer aucune indemnité du chef du tort qu'on leur cause en alléguant l'importance et la nature des travaux exécutés.

Il ne faut pas confondre le droit d'issue avec les conditions auxquelles il peut être soumis en vue des intérêts généraux et qui peuvent toujours être modifiées.

En fait, il est de l'intérêt des particuliers de faire sur les fossés des routes des travaux solides mais peu dispendieux et d'un déplacement facile. Dans ce cas, l'administration, usant de tolérance, exécute elle-même les travaux nécessaires pour conserver aux particuliers leurs issues et abordages dans le cas où elle est obligée d'apporter quelques modifications à l'état de la route.

14. Lorsque l'issue à la voie publique existe déjà pour l'usage d'une habitation par l'ouverture d'une porte, d'une barrière, etc., il peut arriver que le particulier demande à exécuter quelques travaux pour améliorer les conditions de cette issue et embellir l'accès de sa demeure : ces travaux consistent ordinairement à modifier l'accotement de la voie publique, soit en y construisant des trottoirs, soit en changeant ceux qui peuvent exister. L'autorisation qu'il doit obtenir pour les exécuter indique : 1° la hauteur ou le niveau du trottoir par rapport à l'axe de la route ; 2° les dimensions de cet ouvrage ; 3° la nature des matériaux à employer ; 4° la description sommaire de tous les ouvrages qui doivent être exécutés.

Il va sans dire qu'ici il ne peut être question que d'une autorisation toujours révocable. Les travaux que le particulier a demandé de faire, sont en effet sinon de pur agrément, du moins, en quelque sorte, des travaux de luxe. Ils sont directement établis sur le Domaine public. Ils ne peuvent être en aucun cas la source d'un droit pour le particulier.

Il faut admettre à plus forte raison qu'en cas d'inexécution des conditions imposées par l'administration, celle-ci aurait le droit de révoquer son autorisation et d'obliger le riverain à démolir ces ouvrages ; cette clause doit même être insérée dans les arrêtés. Pour obtenir cette démolition, l'autorité administrative doit s'adresser aux tribunaux et faire condamner le particulier à faire disparaître ses travaux. Mais, pour cela elle doit se porter partie civile. Il serait à désirer que la loi eut prévu ce cas et tracé nettement les règles à suivre.

15. Les voies de communication étant de leur nature destinées à servir tout le monde, la loi a voulu que chacun pût y avoir accès et elle a établi en faveur des héritages enclavés un droit de passage sur les propriétés qui les séparent de ces voies. Ce droit est consacré par les articles suivants du code civil :

Article 682. Le propriétaire dont les fonds sont enclavés, et qui n'a aucune issue sur la voie publique, peut réclamer un passage sur les fonds de ses voisins pour l'exploitation de son héritage, à la charge d'une indemnité proportionnée aux dommages qu'il peut occasionner.

Article 683. Le passage doit régulièrement être pris du côté où le trajet est le plus court du fonds enclavé à la voie publique.

Article 684. Néanmoins, il doit être fixé dans l'endroit le moins dommageable à celui sur le fonds duquel il est accordé.

Article 685. L'action en indemnité, dans le cas prévu par l'article 682, est prescriptible ; et le passage doit être continué, quoique l'action en indemnité ne soit plus recevable.

16. La première question qui se présente est celle de savoir ce qu'on doit entendre par le mot *voie publique*

dont se sert l'article 682. Notre cour de cassation a décidé que cette expression embrasse dans sa généralité non-seulement les routes royales, provinciales, communales ou vicinales, mais encore les sentiers et tous autres chemins publics quelle qu'en puisse être la dénomination [1]. Elle pourrait dans certains cas comprendre aussi les voies de communication par eau, telles qu'une rivière ou un canal, si ces voies étaient les seules dont on pût faire usage pour l'exploitation des héritages enclavés. Mais il faut en excepter le chemin de halage qui ne constitue qu'une servitude de passage.

La loi ne semble accorder le droit de passage sur les terres voisines qu'aux héritages qui n'ont *aucune issue* sur la voie publique; il y a eu discussion sur le point de savoir ce qu'il fallait entendre par un héritage sans issue.

Les uns ont considéré comme fonds enclavé et sans issue sur la voie publique ceux qui sont bordés par un ruisseau dont le passage est dangereux ou difficile pour l'exploitation du fonds [2] ou par une rivière dont le passage par bacs et bateaux est difficile [3]. La jurisprudence a également admis qu'il y avait enclave dans le sens de la loi lorsque l'issue était tout-à-fait insuffisante pour l'exploitation, c'est-à-dire dangereuse et à peine viable pour les piétons [4], ou bien que le chemin était escarpé et qu'il exigeait des travaux hors de proportion avec la valeur de

l'héritage enclavé [1]. Cette jurisprudence a été soutenue par Merlin [2] et Favard de Langlade [3].

Mais d'autre part de nombreux arrêts ont établis qu'un fonds enclavé ne peut prétendre obtenir un passage sur sur l'héritage du voisin qu'autant qu'il y ait pour lui impossibilité absolue de passer par tout autre endroit public. Que cette impossibilité n'existe pas si le fonds enclavé a issue sur un ancien chemin qui peut être rendu viable au moyen de quelques travaux [4] ou bien s'il suffit au propriétaire du fonds enclavé de faire quelques ouvrages sur son fonds et d'enlever sa récolte avec de petites charrettes au lieu d'employer de grands chariots [5]. On a encore jugé qu'il n'y avait pas enclave dès que le fonds pouvait être exploité par un chemin public, bien que ce chemin fut détérioré, long et difficile [6]. Cette doctrine a pour défenseur MM. Pardessus [7], Touiller [8] et Duranton [9].

Dans ce conflit d'opinions et d'arrêts il est difficile de poser des règles bien précises. Il est évident que l'appréciation des faits joue ici un rôle considérable. Il faudra toujours bien examiner dans chaque cas si l'issue que possède le champs enclavé est réellement impraticable : et la règle qui veut qu'on ne puisse forcer le propriétaire de l'enclave à faire des travaux hors

---

[1] Cas. 8 août 1844. J. XIX. S. 1844, 524.

[2] Gand, 23 nov. 1838. J. XIX. S. 1838, 532.

[3] Cas. F. 31 juillet 1844. J. P. 1844, II, 561.

[4] Cas. F. 16 févr. 1833. J. P. XXVI, 1401 ; 10 juil. 1821 et 16 juil. 1830.

[1] Cas. F. 25 nov. 1845. J. P. 1846, II, 495 ; Paris 24 mai 1844. J. P. 1844, II. 90.

[2] Rép. V. servitude, § 4.

[3] Rép. V. servitude, sect. 2, § 7, n° 1.

[4] Besançon 25 mai 1828. J. P. XXI, 1489.

[5] Nancy 28 janv. 1833. J. P. XXV, 94.

[6] Cas. F. 31 mai 1825, J. P. XIX, 556 ; Rouen 16 juin 1833. J. P. XXVII, 524.

[7] Servitudes, n° 218.

[8] Tom. III, n° 547.

[9] Tom. V, n° 417.

de proportion avec la valeur de son héritage me semble en définitive la plus sûre et la plus équitable.

Par contre on doit admettre que si les obstacles et les causes qui constituent le terrain à l'état d'enclave peuvent cesser par quelques travaux susceptibles d'être exécutés à peu de frais, il ne doit plus être accordé de passage à titre d'enclave sur le fonds voisin [1]

La servitude de passage sur les terres du voisin ne peut exister en faveur d'un héritage qui viendrait à être constitué à l'état d'enclave par la vente de la partie de celui-ci attenant à la voie publique. Dans ce cas le vendeur doit expressément réserver à l'acquéreur un droit de passage sur son fonds et quand même cette réserve ne serait pas exprimée dans le contrat elle est de droit [2].

17. L'article 682 (c. c.) s'applique à toute espèce de fonds : il faut donc y comprendre les bâtiments aussi bien que les héritages exploités en culture. On ne peut faire ici des distinctions que la loi n'a pas admises [3]. Mais si toute propriété, quelle que soit sa nature, peut se trouver à l'état d'enclave, il va de soi qu'il s'agit ici des propriétés privées et non du Domaine public. Ainsi une commune qui voudrait raccorder un chemin vicinal sans issue, avec un autre chemin, ne pourrait, sous le prétexte que le premier est enclavé, opérer ce raccordement en réclamant le passage à titre de servitude sur les propriétés privées qui séparent les deux chemins. Elle doit faire décréter ce raccordement d'utilité publique et procéder ici comme dans le cas où il s'agit de l'ouverture d'une voie nouvelle [1].

La servitude de passage pour enclave peut s'exercer sur toute espèce de fonds, même sur ceux du domaine de l'Etat [2].

18. Le code civil porte que le passage doit être régulièrement pris du côté où le trajet est le plus court, mais il ajoute immédiatement qu'il doit être fixé dans l'endroit le moins dommageable. On se demande comment on devra faire lorsque ces deux conditions ne pourront se réaliser en même temps. On s'accorde généralement à reconnaître que le mot *régulièrement* qui se trouve dans l'article 683 (c. c.) ne présente point une disposition absolue, mais seulement une règle qui, comme toutes les autres, peut souffrir exception [3]. Il peut donc arriver des cas où le trajet ne soit pas le plus court, parce qu'il a été pris de manière à être le moins dommageable. On remarquera d'ailleurs que la presque totalité des servitudes dont il s'agit s'exercent de temps immémorial ; qu'elles sont généralement prises de manière à froisser le moins d'intérêts possible ; qu'il est de jurisprudence certaine qu'une fois la servitude établie depuis le temps nécessaire pour prescrire, on ne peut plus la modifier et

---

[1] Brux. 7 fév. 1854. Pasc. 5, 1854, 194.

[2] Agen 16 fév. 1814. J. P. XII, 102 ; Cas. F. 30 avril 1835. J. P. XXVII, 122.

[3] Paris 7 déc. 1850. J. P. 1851, II, 682.

---

[1] Liége 12 juin 1839. J. XIX. S. 1839, 461.

[2] Angers 20 mai 1842. J. P. 1842, II, 686 ; Pardessus, servit., n° 45.

[3] Cas. F. 1er mai 1811, J. P. IX, 296 ; Bordeaux 15 janv. 1835. J. P. XXVI, 1267. V. aussi Duranton, tom. V, n° 423 et suiv., et Solon, servitudes réelles, n° 523.

qu'on doit continuer à l'exercer comme on l'a toujours fait.

On admet donc qu'après trente ans l'assiette du chemin est définitivement fixée : on suppose que celui qui a exercé un passage pendant ce temps, l'a fait en vertu d'une convention réglant les droits de chacun.

La cessation temporaire du passage par suite d'un fait accidentel indépendant de la volonté des parties tel que la rupture d'un pont, n'interromprait pas la prescription ; elle ne ferait tout au plus que la suspendre et dès lors, pour le calcul du temps nécessaire pour prescrire, on devrait ajouter les deux périodes qui ont précédé et suivi l'interruption du passage [1].

La servitude de passage ayant son titre dans la loi, il n'est pas nécessaire que celui qui invoque la prescription prouve que sa possession a eu lieu au vu et au su des propriétaires sur les fonds desquels le passage a été établi [2] : on ne peut pas non plus invoquer ici le principe général qui veut que les servitudes discontinues ne puissent s'acquérir sans titre. Le propriétaire troublé dans l'exercice de son droit de passage a donc l'action possessoire contre l'auteur du trouble ; le juge du possessoire ne cumulerait pas le pétitoire lorsque, pour s'éclairer sur le caractère de la possession réclamée par le demandeur en complainte, il vérifierait si l'héritage du demandeur est enclavé. On peut citer une foule d'arrêts à l'appui de cette doctrine [3].

19. La loi a voulu que tout propriétaire enclavé pût réclamer un passage sur le fonds du voisin en payant à celui-ci une indemnité convenable. Mais elle a admis aussi que le payement de l'indemnité était sujet à la prescription ordinaire. Ainsi donc si le propriétaire du fonds enclavé a passé pendant trente ans sans payer d'indemnité l'obligation d'acquitter celle-ci est prescrite.

Il a même été jugé que le propriétaire d'un fonds enclavé par des héritages différents et qui a exercé la faculté de passage pendant plus de trente ans, peut invoquer la prescription de l'indemnité due à raison de ce passage lors même qu'il n'aurait pas continuellement passé sur le même héritage [1]. La solution est la même à plus forte raison lorsque le propriétaire du fonds enclavé n'étant séparé de la voie publique que par un seul héritage, n'a pas passé constamment sur un point déterminé de celui-ci. Cette circonstance ne l'empêcherait pas de prescrire l'indemnité après trente ans révolus [2].

Le droit de passage acquis par une possession immémoriale au profit d'un fonds enclavé doit être exercé ainsi qu'il l'a toujours été. Ce principe est inscrit dans les articles du code civil qui portent : « Art. 701. Le propriétaire du fonds débiteur de la servitude ne peut rien faire qui tende à en diminuer l'usage ou à le rendre plus incom-

---

[1] Cass. F. 29 déc. 1847, S. V. C. 1849, 1, 134.

[2] Cass. F. 10 juillet 1821. J. P. XVI. 742. v. conf. Cass. F. 31 août 1825 ; Lyon 1er février 1826 ; Grenoble 23 fév. 1829 ; Cass. F. 27 déc. 1830 ; 19 nov. 1832 ; 28 nov. 1833 ; 16 fév. 1835.

[3] Cass. F. 16 mars 1830. J. P. XXIII, 268. v. encore

Cass. F. 10 juillet 1821, 7 mai 1829, 16 mars 1830, 9 mai 1831, 18 nov. 1832 ; 22 août 1827, 21 mars 1831 ; Pardessus servitudes no 233 ; Garnier actions possessoires p. 512. Bioche et Goujet, dict. de procédure Vo *actions possessoires* no 79 et Favard de Langlade Vo servitude sect. 2, § 7. no 4.

[1] Cass. F. 11 juillet 1837. J. P. 1837 — 2 — 479.

[2] Liége 22 juillet 1847. Pas. III. 1849 — 2 — 179.

mode. Ainsi il ne peut changer l'état des lieux, ni transporter l'exercice de la servitude dans un endroit différent de celui où elle a été primitivement assignée. Mais cependant si cette assignation primitive était devenue plus onéreuse au propriétaire du fonds assujetti, ou si elle l'empêchait d'y faire des réparations avantageuses, il pourrait offrir au propriétaire de l'autre fonds un endroit aussi commode pour l'exercice de ses droits et celui-ci ne pourrait pas le refuser. »

« Art. 702. De son côté celui qui a un droit de servitude ne peut en user que suivant son titre, sans pouvoir faire, ni dans le fonds qui doit la servitude ni dans le fonds à qui elle est due, de changement qui aggrave la condition du premier. »

Mais il est à considérer que la nature spéciale de la servitude de passage en cas d'enclave et le but pour lequel la loi l'a établie et qui est de rendre possible l'exploitation des héritages et de les faire jouir des avantages de la voie publique, exigent qu'il soit apporté dans certains cas des modifications très-graves dans la manière dont la servitude est exercée. C'est ainsi qu'un passage qui se faisait autrefois à pied peut être transformé en un chemin destiné aux voitures. Ce changement peut être justifié par celui survenu dans le mode d'exploitation du terrain, l'ouverture d'une carrière, une modification dans la culture, etc.

Mais quel que soit le changement apporté dans l'exercice du droit de passage par le propriétaire du fonds enclavé, s'il a pour effet d'élargir le chemin, de nécessiter quelques travaux sur le fonds d'autrui et de lui causer un préjudice quelconque, il ne peut avoir lieu sans indemnité en faveur du propriétaire du fonds asservi [1].

21. La question la plus importante qu'il y ait à examiner relativement à l'enclave est celle de savoir comment et dans quels cas cette servitude peut s'éteindre et quelles sont les conséquences de cette extinction pour les propriétaires des fonds asservis.

Les auteurs et la jurisprudence se sont partagés sur cette question entre deux opinions distinctes. Les uns [2] font observer qu'il s'agit ici d'une servitude établie par la loi. Ils disent que si l'article 701 autorise les tribunaux à admettre parfois quelques modifications dans le mode d'exercice de la servitude, il ne leur permet pas pour cela de prononcer la suppression de la servitude elle-même. Ils n'ont pas plus de droit sous ce rapport qu'ils n'en auraient à l'égard d'une servitude conventionnelle, d'autant plus que la loi a établi la servitude pour le cas d'enclave, purement et simplement, sans condition résolutoire ni clause de révocation. Ils font encore remarquer que lorsque la servitude existe depuis plus de trente ans, on peut présumer qu'une convention a été faite à l'origine entre les intéressés et qu'une indemnité a été réglée et payée. C'est ce que la loi a entendu en déclarant l'action en indemnité prescriptible. Dès lors le propriétaire du fonds dominant peut être réputé avoir acquis une servitude

[1] Cass. F. 19 avril 1842. J. P. 1842, II, 50; Agen 18 juin 1823. J. P. XVII, II, 95.

[2] Duranton traité des servitudes, t. 5, n° 435; Aix 14 juin 1844. J. P. 1845, II, 85. Grenoble 15 mars 1839. J. P. 1845, I, 389; 20 nov. 1847. J. P. 1849, II, 658 ; Rennes 18 mars 1839. J. P. 1847, II, 375; Toulouse 16 mai 1829. J. P. XXII, 1025; Cass. F. 19 janv. 1848, S. V. C. 1848, I, 195 et la note.

permanente de passage et son droit est devenu complet et irrévocable. Il importe peu que la nécessité de passer au même endroit ne se fasse plus sentir, si le droit de passer se rattache à une convention qui se fonde sur une présomption légale, convention d'après laquelle l'on peut soutenir que l'indemnité a été réglée, non en vue d'un dommage passager, mais en vue d'un dommage perpétuel.

Les autres font remarquer que la servitude dont il s'agit est une servitude de nécessité et non de commodité. Ils ne tiennent compte que du seul fait de l'enclave; ils nient que sous l'influence de ce fait un droit immuable puisse s'établir; ils invoquent la maxime qui veut que là cause cessant l'effet vienne à cesser et l'appliquant à l'enclave ils prétendent que, dès l'instant qu'elle n'existe plus, le propriétaire du fonds dominant n'a plus aucun motif légitime de continuer à passer sur celui du voisin. Cette doctrine a été défendue par MM. Touiller [1], Pardessus [2], Delvincourt [3], Solon [4], Zachariæ [5], Marcadé [6]; elle a aussi pour elle plusieurs arrêts [7].

Pour résoudre convenablement la question qui nous occupe il faut, me semble-t-il, remarquer que l'état d'enclave peut cesser de deux manières : 1°. Par la réunion du fonds enclavé à d'autres héritages communiquant avec la voie publique, réunion qui peut s'opérer par acquisition, par cession, par échange, etc. 2°. Par l'ouverture d'une nouvelle voie de communication qui procure au fonds enclavé un dégagement immédiat ou qui modifie assez la position de ce fonds pour qu'il soit avantageux de lui livrer un passage vers la nouvelle voie de communication et de supprimer celui dont il se servait auparavant.

Pour le premier cas, il faut considérer que la réunion du fonds enclavé à un ou plusieurs héritages attenant à la voie publique n'aura jamais pour effet de procurer à ce fonds un trajet plus direct ou moins dommagable, puisque la servitude de passage a dû être prise dans l'origine de manière à satisfaire aux conditions des art. 683 et 684. Or, comment admettre que parce que le propriétaire de l'enclave aura fait quelque acquisition dans une vue de spéculation ou d'agrandissement quelconque, il puisse être forcé à prendre un chemin plus long au détriment de son exploitation et à renoncer aussi au bénéfice d'une servitude qui a son titre dans la loi? L'art. 701 du code civil autorise bien, il est vrai les tribunaux à ordonner dans certains cas que la servitude sera exercée dorénavant sur une autre partie du fonds que celle par où elle s'exerçait d'abord, mais cet article ne leur permet pas de prononcer la suppression d'une servitude qui devrait nécessairement se reporter sur d'autres fonds et s'exercer sur ces derniers d'une autre manière que ne le prescrit la loi. Si quelques motifs de spéculation ont pu déterminer le propriétaire du fonds dominant à acquérir une parcelle de terre qui lui procure la possibilité d'un nouvel

[1] Tom. 5, n° 554.
[2] Traité des servitudes, n° 225.
[3] Tom. 1, p. 390.
[4] Servitudes, n°ˢ 331 et 332.
[5] Tom. 2, § 246, note 14.
[6] Tom. 5, p. 406.
[7] Limoges 20 nov. 1843 J. P. 1844, II, 165; Lyon 24 déc. 1841 J. P. 1842, II, 685; Agen 14 août 1834, J. P. XXVI, 881.

accès vers la voie publique, d'autres raisons peuvent l'engager à la revendre. Admettra-t-on que suivant que cette parcelle passera d'une main à l'autre la servitude devra elle-même subir ces fluctuations de la propriété?

Mais les arguments que l'on peut faire valoir pour la persistance du droit de passage lorsque la position du fonds dominant n'est modifiée que par sa réunion avec d'autres parcelles et que la voie publique n'a pas été changée, ces arguments, me semble-t-il, n'ont plus la même valeur lorsque l'enclave vient à cesser ou qu'elle se trouve dans d'autres conditions par l'ouverture d'une nouvelle voie de communication, le redressement d'une route, etc. Rappelons-nous ce que je disais au commencement de ce paragraphe du rôle des voies de communication : elles sont destinées à améliorer et à faciliter les relations des hommes entre eux, à procurer une issue facile au plus grand nombre d'héritages possible. Or ce but serait manqué et une partie des sacrifices que les routes exigent, pour leur construction, seraient faits en pure perte si l'on maintenait à côté d'elles des servitudes de passage qui ne sont pas absolument nécessaires ou qui peuvent être changées de manière à occuper moins de terrain.

La suppression du droit de passage a pour effet de libérer le fonds servant de la servitude et dès lors le propriétaire de celui-ci a le droit d'exiger le remboursement de l'indemnité qui a été soldée dans le principe : si c'est une rente annuelle, elle est éteinte.

Cependant si le droit de passer sans indemnité a été acquis par prescription au profit du propriétaire supérieur, la cessation de l'enclave ne peut donner ouverture à aucun droit de répétition de l'indemnité en sa faveur, à cause de l'impossibilité où il se trouve de justifier du payement de cette indemnité.

22. Il arrive souvent que les routes se substituent en tout ou en partie à d'anciens chemins, mais elles ne les remplacent qu'en les rectifiant ou en modifiant ça et là leur direction. Il en résulte que certains héritages perdent leur qualité de riverains et que d'autres qui étaient enclavés acquièrent un accès direct à la voie publique. Il faut remarquer que s'il est d'une bonne administration que les parties d'anciens chemins, devenues sans emploi, soient vendues, on doit réserver un droit de passage pour les héritages qui les bordent. Ce cas est analogue à celui dont j'ai parlé ci-dessus où le propriétaire d'un terrain le divise et aliène la partie qui ne touche pas à la voie publique. Dans ce cas le vendeur doit réserver à son acheteur, qui sans cela serait enclavé, un accès sur son propre terrain pour qu'il puisse arriver à la voie publique.

La loi du 10 avril 1841 renferme une disposition qui prévoit le cas dont il s'agit, du moins en ce qui concerne les chemins vicinaux. Son article 59 est ainsi conçu :

« En cas d'abandon ou de changement de direction totale ou partielle d'un chemin vicinal, les riverains de la partie devenue sans emploi auront le droit, pendant six mois à dater de la publication par le collége échévinal de l'arrêté qui approuve le changement ou l'abandon, de se faire autoriser à disposer en pleine propriété du terrain devenu libre, en s'engageant à payer à dire d'experts, soit la propriété, soit la plus value dans le cas où ils seraient propriétaires du fonds. »

On voit que la loi reconnaît aux riverains des chemins supprimés un droit de préférence pour l'acquisition du sol de ces chemins. Mais on doit bien se garder d'en conclure que si ces riverains refusaient d'acquérir ces parcelles, la commune pourrait les vendre en totalité à d'autres propriétaires. Elle ne pourrait, dans aucun cas, se dispenser d'y réserver un passage afin que les riverains de l'ancien chemin ne soient pas enclavés.

On ne doit pas dissimuler que l'application de l'article 29 de la loi de 1841 peut occasionner des abus. Les propriétaires riverains peuvent se prévaloir de l'impossibilité où la commune se trouve de les enclaver pour refuser de prendre le terrain délaissé, à un prix convenable. Il me semble qu'au lieu d'accorder une faculté, la loi eût dû imposer une obligation aux propriétaires riverains et que c'était le lieu d'admettre ici une disposition analogue à celle de l'article 53 de la loi du 16 septembre 1807 qui veut que celui qui reçoit la faculté d'avancer sur la voie publique par suite d'alignement, soit tenu d'acheter le terrain qui se trouve devant lui.

La loi ne dit pas comment se fera le partage, entre les riverains, des parcelles de chemins devenues sans emploi. Ce point doit être abandonné à l'appréciation de l'administration ; j'ai déjà dit un mot de cette question dans mon travail sur *l'alignement*, n° 33.

23. J'ai fait remarquer le caractère et le but de la servitude de passage établie par le code civil en cas d'enclave ; cette servitude n'enlève pas aux particuliers la propriété de la partie de terrain sur laquelle le passage s'exerce : elle est spécialement établie pour faire jouir les propriétés enclavées des avantages de la voie publique et c'est toujours vers celle qui est la plus proche que le chemin doit être dirigé suivant la ligne la plus courte. Mais ce droit de passage, qui peut suffire pour une exploitation agricole ordinaire, pour l'usage d'une habitation, etc., ne satisferait pas en beaucoup de cas aux exigences de certaines industries, qui ne pourraient prospérer ni même se soutenir si on ne les mettait en communication directe avec de grandes lignes de navigation, des chemins de fer, etc.

L'article 80 de la loi du 21 avril 1810 sur les mines, minières et carrières, porte que les impétrants de permission pour fonder des fourneaux à fondre les minerais de fer et autres substances métalliques, des forges et martinets à ouvrer le fer et le cuivre, des usines servant de patouillets et bocards, et celles pour le traitement des substances salines ou pyriteuses, dans lesquelles on consomme des combustibles *sont autorisés à établir des chemins de charroi sur les terrains qui ne leur appartiennent pas*, sous la condition de ne pas traverser des enclos murés, cours ou jardins, ni des terrains attenants aux habitations ou clôtures murées dans la distance de 100 mètres des dites clôtures ou des habitations, à moins que le propriétaire n'y consente 1.

L'ouverture de ces chemins ne peut avoir lieu sans indemnité envers les

1 Art. 11 et 80 de la loi du 21 avril 1810.

propriétaires du sol et en les prévenant un mois d'avance. Cette faculté d'ouvrir des chemins ne peut être exercée que par ceux qui en ont obtenu l'autorisation suivant les formes prescrites par les art. 73 et 74 de la loi du 21 avril 1810 qui ordonnent l'affichage de la demande en permission pendant quatre mois et fixent les délais pour l'instruction.

Divers arrêts ont décidé que les concessionnaires de mines et les propriétaires d'usines à traiter le fer ne sont pas autorisés par la loi du 21 avril 1810, à établir des chemins sur la propriété d'autrui hors les cas de nécessité absolue [2]. On remarquera cependant que c'est à l'administration qu'il appartient de décider si cette nécessité existe et qu'ainsi elle est compétente pour autoriser l'établissement d'un chemin de fer à travers une propriété particulière, lorsqu'elle reconnait que ce chemin est nécessaire à l'exploitation d'une mine [3]. Les tribunaux ne seraient pas compétents pour prononcer la destruction de chaussées pratiquées par les exploitants sur le terrain des propriétaires des fonds environnants [4].

La loi du 2 mai 1837 s'est aussi occupée de l'ouverture de nouvelles communications mais seulement dans l'intérêt d'une exploitation de mines. Elle porte : « Art. 12. Le Gouvernement, sur la proposition du conseil des mines, pourra déclarer qu'il y a utilité publique à établir des communications dans l'intérêt d'une exploitation de mines. La déclaration d'utilité publique sera précédée d'une enquête. Les dispositions de la loi du 17 avril 1835 sur l'expropriation pour cause d'utilité publique, et autres lois sur la matière seront observées ; l'indemnité due au propriétaire sera fixée au double.

« Lorsque les biens ou leurs dépendances seront occupés par leurs propriétaires, les tribunaux pourront prendre cette circonstance en considération pour la fixation des indemnités. »

Le principe consacré par la loi que je viens de citer avait déjà été admis par celle du 12-28 juillet 1791 qui, dans son art. 25 reconnaissait aux propriétaires de mines le droit d'ouvrir des chemins à condition d'indemniser les propriétaires de la surface.

Le conseil des mines ayant été invité par le Ministre des travaux publics à examiner la question de savoir : 1° dans quelles circonstances il y avait lieu de faire application de l'art. 12 de la loi du 2 mai 1837 ; 2° quelles sont les formalités de l'enquête qui, aux termes de cet article, doit précéder la déclaration d'utilité publique ; 3° à quelle époque de l'instruction, sur semblable demande, l'intervention du conseil des mines est requise, a répondu par un avis du 28 juillet 1838 [1] qui porte en substance : sur le 1er point, il y a lieu de faire application de l'art. 12 de la dite loi dans le cas où, à défaut de communication directe, une exploitation de mines plus ou moins éloignée d'un chemin, d'une chaussée,

---

[1] Ord. 16 fév. 1823. Mac. 8, 92.

[2] Bruxelles 14 janv. 1833. Cité par M. Brixhe, t. 2, n° 224 ; Cass. B. 19 mars 1834. Jurisp. de la cour de cassation par Wyns et Spruit, 1834, 1. 233.

[3] Liége 17 déc. 1835. A. N. 14, I. 388.

[4] Décret 11 août 1808. S. V. C. 16, 11, 389.

[1] Chicora et Dupont, nouveau code des mines p. 460.

d'un canal ou d'une rivière ne pourrait y transporter ses produits qu'en faisant un détour plus où moins considérable, circonstances qui sont abandonnées à l'appréciation ainsi qu'à la discrétion du Gouvernement, suivant l'importance de l'exploitation, des terrains à exproprier et des avantages que la cause de l'utilité publique peut en espérer; sur le deuxième point, que le mode d'enquête adopté par les chambres est celui institué par l'article 4 de la loi du 19 juillet 1832 sur les concessions de péages et organisé en dernier lieu par le paragraphe 2 de l'arrêté royal du 29 novembre 1836, en se référant toutefois aux seules dispositions de ce paragraphe, qui sont exclusivement relatives aux formalités mêmes de l'enquête; qu'enfin, relativement au troisième point, il résulte des déclarations faites par le Ministre de l'intérieur à la Chambre lors de la discussion de la loi, que ce n'est qu'après que les formalités de l'enquête préalable ont été remplies et que le procès-verbal de cette enquête, ainsi que toutes les autres pièces et documents de l'instruction, ont été soumis à son examen que le conseil des mines doit être appelé à examiner s'il y a lieu de proposer l'application de l'article 12 de la dite loi.

La loi de 1837 a fixé l'indemnité au double : il a été jugé que cette disposition ne pouvait s'appliquer à l'ouverture d'un chemin de fer concédé destiné à desservir plusieurs mines; qu'un tel chemin n'a pas le caractère d'un chemin destiné à l'usage exclusif d'une mine; qu'il n'appartient pas en propre aux propriétaires de cette mine; mais qu'il a au contraire tous les caractères d'un chemin appartenant au Domaine public [1], alors surtout que le concessionnaire est obligé, d'après son cahier des charges, d'opérer, non seulement le transport des houilles, mais encore celui des marnes, chaux, pierres et matières pondereuses.

L'indemnité doit-elle représenter la valeur du dommage occasionné ou la valeur du terrain lui-même? La loi du 21 avril 1810 a fait à cet égard une distinction. Si le passage n'est que temporaire et que le sol où les travaux ont été faits puisse être remis en culture, au bout d'un an, comme il l'était auparavant, l'indemnité doit être réglée au double de ce qu'aurait produit net le terrain endommagé (art. 43). Si les travaux durent plus d'une année ou s'ils ont rendu les terrains impropres à la culture, ce qui est le cas ordinaire pour l'établissement des chemins, on peut exiger des propriétaires de la mine l'acquisition des terrains. Si le propriétaire de la surface le requiert, les pièces de terres trop endommagées ou dégradées sur une trop grande partie de leur surface, devront être achetées en totalité par le propriétaire de la mine (art. 44). Le terrain à acquérir doit toujours être estimé au double de la valeur qu'il avait avant l'exploitation de la mine.

24. Pour bien comprendre ce qui concerne le droit de vue sur les voies de communication, il importe d'exposer d'abord en peu de mots, les règles relatives à l'exercice de ce même droit entre les propriétés voisines. J'ai dit que, suivant l'idée que nous nous formons de la propriété, chacun doit pouvoir défendre son héritage contre les regards du voisin. Ce droit est con-

[1] Brux., 8 août 1838, J. XIX S. 1839, 2, 12.

sacré par les articles suivants du code civil :

Art. 675. L'un des voisins ne peut, sans le consentement de l'autre, pratiquer dans le mur mitoyen aucune fenêtre ou ouverture en quelque manière que ce soit, même à verre dormant.

Art. 676. Le propriétaire d'un mur non mitoyen, joignant immédiatement l'héritage d'autrui, peut pratiquer dans le mur des jours ou fenêtres à fer maillé et verre dormant.

Ces fenêtres doivent être garnies d'un treillis de fer, dont les mailles auront un décimètre (environ trois pouces huit lignes) d'ouverture au plus, et d'un chassis à verre dormant.

Art. 677. Ces fenêtres ou jours ne pourront être établies qu'à vingt-six décimètres (huit pieds) au-dessus du plancher ou sol de la chambre qu'on veut éclairer, si c'est au rez,de-chaussée et à dix-neuf décimètres (six pieds) au-dessus du plancher pour les étages supérieurs.

Art. 678. On ne peut avoir des vues droites ou fenêtres d'aspect, ni balcon ou autres semblables saillies, sur l'héritage clos ou non clos de son voisin, s'il n'y a dix-neuf décimètres (six pieds) de distance entre le mur où on les pratique et le dit héritage.

Art. 679. On ne peut avoir des vues par côté ou obliques sur le même héritage, s'il n'y a six décimètres (deux pieds) de distance.

Art. 680. La distance dont il est parlé dans les deux articles précédents, se compte depuis le parement extérieur du mur où l'ouverture se fait, et, s'il y a balcon ou autres semblables saillies, depuis leur ligne extérieure jus-qu'à la ligne de séparation des deux propriétés.

25. Il résulte des articles qui précèdent que l'on doit distinguer deux manières de prendre des vues sur l'héritage du voisin : ces vues sont *directes* lorsque les rayons visuels, partant d'un balcon, d'une baie ou d'une fenêtre, prolongés dans une direction normale à la face du mur, rencontrent l'héritage d'autrui ; elles sont *obliques* lorsque les rayons visuels ne peuvent rencontrer l'héritage du voisin qu'en faisant un angle aigu avec le mur dans lequel les ouvertures sont percées.

Mais le code fait encore une **autre** distinction : indépendamment des ouvertures que l'on peut percer dans un bâtiment ou dans un mur pour y placer des fenêtres ordinaires, à la condition d'observer les distances marquées à l'article 678, il admet qu'on peut établir des jours dans le mur non mitoyen qui joint immédiatement l'héritage d'autrui (art. 676) à charge d'employer des fenêtres à fer maillé et à verre dormant. Ces derniers ont été nommés *jours de souffrance*. Ils ne peuvent être percés qu'à une hauteur déterminée et calculée de manière à ce que l'homme de la taille la plus élevée ne puisse voir ce qui se passe chez le voisin qu'en se hissant sur un objet quelconque.

26. Les jours de souffrance ou de tolérance ne peuvent jamais avoir qu'une existence précaire. En effet l'article 661 du code donne au voisin le droit de rendre mitoyen le mur qui ne l'était pas auparavant en payant la moitié de la valeur du mur et du sol sur lequel il repose et la jurisprudence a admis que ce droit emporte celui d'exiger la suppression des jours de

souffrance qui peuvent se trouver dans le mur, quand bien même ces jours auraient plus de trente ans d'existence. Cette doctrine est celle de presque tous les auteurs : elle est consacrée par un nombre considérable d'arrêts [1]. Leur autorité ne peut être contrebalancée par quelques décisions en sens contraire que l'on pourrait citer ; ces décisions s'expliquent par cette circonstance que l'appréciation des faits joue toujours ici un rôle considérable et qu'il est parfois difficile de bien juger si les ouvertures pratiquées constituent un droit de vue ou des jours de souffrance. L'incertitude sur ce point peut provenir de ce que ces derniers n'auraient pas été établis d'une manière rigoureusement conforme au prescrit des articles 676 et 677, et divers arrêts ont admis en effet que l'on pouvait reconnaître comme jours de souffrance des ouvertures qui ne seraient pas absolument fermées et grillées suivant les dimensions légales [2].

Puisque le voisin peut acquérir la mitoyenneté dans le seul but de faire boucher des jours de souffrance, il peut à plus forte raison, usant de son droit de propriétaire, élever contre le mur du voisin un autre mur qui rendrait l'usage de ces jours complètement inutile [1].

Suivant MM. Pardessus [2] et Delvincourt [3] la hauteur dont il est question dans l'article 677 se compte à partir du sol de la pièce qu'il s'agit d'éclairer, sans avoir égard à la hauteur du sol du côté du voisin. M. Touiller [4] est d'un avis contraire. M. Solon [5] fait remarquer que si la hauteur de six ou de huit pieds n'était pas conservée aussi bien du côté du voisin que du côté de la pièce à éclairer, le but de la loi serait totalement manqué et il s'appuye à cet égard de l'autorité de Favard de Langlade. Je ne puis admettre cette manière de voir qui ne me paraît pas suffisamment justifiée et je pense qu'il faut s'en tenir purement et simplement aux prescriptions du code et mesurer la hauteur de six pieds à l'intérieur de la chambre où les jours existent.

Lorsque les jours servent à éclairer un escalier ou une terrasse, la hauteur doit être mesurée à partir de cette terrasse ou de la marche la plus haute de l'escalier qui se trouve en-dessous des jours ouverts [6].

Pourrait-on pratiquer des lucarnes

---

[1] Cas. B. 19 avril 1845. J. XIX. S. 1845. 492. — 19 mai 1853. — Gand 11 mai 1854. Pas. à sa date. — Cas. F. 3 juin 1850. J. P. 1850. 2. 244 ; 1er déc. 1813 ; 5 déc. 1814 ; 29 fév. 1848. S. V. C. 1848. 1. 440 ; 50 mai 1858. J. P. 1858. 2. 279. Brux. 14 août 1847. J. XIX. S. 1848. 2. 205 ; 20 avril 1824 et 4 juin 1834. J. XIX. S. 1854. 2. 527. — Liége 4 mai 1844. J. XIX. S. 1844. 430 ; 10 juillet 1855. J. XIX. S. 1835. 351 ; 21 nov. 1856. J. XIX S. 1857. 335 ; Gand 29 mars 1859. J. XIX. S. 1859. 2. 167. — Toulouse 8 fév. 1844. J. P. 1844. 1. 278. — Bastia 19 octob. 1834. S. V. C. 1835. 2. 501 ; 25 mai 1859. J. P. 1844. 1. 279. — Agen 19 mai 1836. J. XIX. S. 1856. 2. 405. — Paris 18 juin 1856. J. P. XXVII. 1856 ; 29 avril 1859. J. P. 1859. 1. 595. V. parmi les auteurs : Merlin, quest. de droit. Serv. § 5, no 55 et suiv. ; Pardessus, Serv., no 556 ; Zacharie, t. 2, § 244. — Garnier, p. 516. — Pailliet, ad. art. 676. code civil. — Vazeille. Presc., no 430. — Troplong. Presc., no 112-115. — Solon. Traité des servit., no 505.

[2] Paris 29 fév. 1859. J. P. 1859. 1. 595 ; 24 fév. 1845. J. P. 1845. 1. 565. — Montpellier 20 avril 1846. J. P. 1846. 2. 241.

[1] Liége 15 juillet 1855. Pasic. à sa date.

[2] No 210.

[3] T. I, p. 407.

[4] T. III, p. 584.

[5] Servitud., no 282.

[6] Solon, no 282. — Pardessus, no 210.

ou soupiraux pour éclairer une cave à condition de les garnir comme le prescrit l'article 676 ? M. Solon est pour la négative, MM. Pailhet et Pardessus pour l'affirmative. Je pense qu'il faut s'en rapporter à l'avis de ces derniers, puisque la loi n'a fait aucune distinction résultant de la nature ou de la destination de la chambre à éclairer.

Lorsque le mur, mitoyen jusqu'à une certaine hauteur, appartient pour le surplus à un seul propriétaire, la question s'est présentée de savoir si celui-ci pouvait ouvrir des jours de souffrance dans la partie non mitoyenne d'un tel mur. M. Solon enseigne que la propriété d'un mur pouvant se diviser comme toute autre chose, le propriétaire d'une partie peut en user comme de sa chose propre et que ce serait modifier sans motif le droit de propriété que de l'empêcher d'ouvrir des jours de souffrance dans la partie du mur qui lui appartient. On peut voir sur cette question une dissertation complète dans l'ouvrage de M. Fournel [1].

27. Nous avons vu que le code défend de prendre des vues droites ou obliques sur l'héritage du voisin, à moins d'observer certaines distances (art. 678 et suiv.). Cette défense s'applique à toutes les ouvertures et à tous les ouvrages d'où l'on peut voir sur le fonds ou dans la maison du voisin, par conséquent aux plates-formes et aux terrasses [2].

L'article 680 qui indique la manière dont on doit mesurer la distance entre le mur où l'ouverture est pratiquée et l'héritage voisin, ne peut s'appliquer qu'aux vues droites. Quant aux vues obliques, il est de règle que la distance se mesure à partir de l'arête intérieure du jambage de la croisée ou de l'ouverture jusqu'à la ligne séparative des deux héritages [1].

Si les deux héritages sont séparés par un mur mitoyen, c'est à partir de la ligne passant par le milieu de ce mur que la distance doit être comptée. Si le mur appartient exclusivement à celui qui a des vues, c'est à partir de son parement extérieur que l'on comptera la distance. Enfin s'il appartient au voisin, ce sera à partir de son parement intérieur.

Si les deux héritages sont séparés par un mur élevé et sans ouverture, il paraît certain que le voisin peut faire derrière ce mur un bâtiment avec des jours qui ne seraient pas à la distance légale, mais si le mur venait à être abattu ce voisin pourrait-il prétendre qu'il a prescrit le droit de les conserver? Non. Car l'autre propriétaire n'éprouvant aucun préjudice de ces vues, étant d'ailleurs censé ne pas en connaître l'existence, se trouvait dans l'impossibilité d'agir en justice pour les faire supprimer. Ce n'est qu'à partir du moment de l'abattage du mur que la prescription pourrait courir.

Si les vues ne s'exercent que sur le toit d'une maison, l'art. 678 est-il encore applicable? Un arrêt de la cour de cassation de France a résolu cette question par la négative [2]. Mais d'autre

---

[1] Traité du voisinage. V. exhaussement. 3me édit., t. 2, p. 50.

[2] Bruxelles 23 juillet 1842. J. XIX. S. 1842, 317.

[1] Desgodets, sur l'article 202 de la coutume de Paris; Duranton, n° 413.

[2] Cass. F. 7 nov. 1849. J. P. 1850, I. 711.

part un arrêt de la même cour 1 a décidé que des fenêtres percées dans le mur pignon d'une maison et donnant vue directe sur le toit de la maison voisine adossée à ce mur peuvent être considérées comme de simples jours de tolérance non susceptibles dès lors d'être acquis par la prescription.

Les jours qui existent entre les barreaux d'une claire voie destinée à clore une propriété ou construite sur un mur de clôture élevé à la hauteur d'appui et surmonté de piliers, placés de distance en distance, ne constituent pas des vues droites ou fenêtres d'aspect dans le sens de l'art. 678 2. On a jugé de même que des piles de bois à brûler élevées temporairement dans un chantier ne peuvent, par leur nature et leur destination, être considérées comme procurant des vues droites sur la propriété du voisin; qu'on ne peut donc forcer le propriétaire de ce chantier à reculer ses piles à six pieds de distance du mur de séparation des propriétés 3.

L'art. 680 porte que, lorsqu'il y a balcon, la distance se mesure à partir de la ligne extérieure de cet ouvrage jusqu'à la ligne de séparation des deux héritages. Il ne faut pas perdre de vue que les côtés mêmes des balcons doivent se trouver à dix-neuf décimètres de distance des propriétés latérales, car par les côtés d'un balcon on a des vues droites sur ces propriétés 4.

Lorsque l'espace intermédiaire entre le mur dans lequel sont percés les jours et l'héritage voisin est commun, la cour de cassation de France a décidé que dans ce cas la distance devait être calculée à partir de la ligne qui divise en deux le terrain commun 1. On peut cependant citer des arrêts et quelques auteurs qui admettent que, lorsque le propriétaire d'une maison joint une cour commune, il peut ouvrir, dans cette cour, des fenêtres et des portes nouvelles sans observer les distances légales, puisque dans ce cas il ne fait qu'user de la chose commune comme pourraient le faire ses autres co-propriétaires 2.

28. Le droit d'avoir des fenêtres ouvrant sur l'héritage d'autrui ou de prendre des vues sur cet héritage, peut exister en vertu d'une convention ou par destination du père de famille. Dans ce cas le titre indique l'étendue et règle l'exercice de ce droit. Mais il peut arriver qu'il y ait des doutes à cet égard et cela se présente lorsque le titre est ancien ou qu'il a été perdu, et que le droit de vue ne trouve son point d'appui que dans la prescription trentenaire. Il est donc utile d'examiner quelles sont les conséquences de l'acquisition d'un droit de vue par prescription, quels droits en résultent pour le propriétaire des ouvertures et quelles obligations en naissent pour le voisin qui les a supportées pendant trente ans sans se plaindre. Remarquons qu'il s'agit ici du droit de vue, c'est-à-dire d'une servitude que le code considère comme continue et apparente 3 et

---

1 Cass. F. 24 déc. 1838. J. P. 1839, I. 53.

2 Cass. F. 3 août 1836. J. P. XXVII, 1557. — Bordeaux 28 août 1835. J. P. XXVII, 642.

3 Paris 6 août 1833. J. P. XXV, 770.

4 Fremery Ligueville. Traité de la législation des bâtiments. 2de édit. t. 2. no 595. — Pardessus no 207.

---

1 Cass. F. 5 mai 1831; Solon. Servit. no 292. — Pardessus no 204.

2 Journ. du Palais. Rép. V. Servit. no 295.

3 Art. 688 et 689 cod. civ.

qui peut par conséquent s'acquérir par prescription. Il ne peut donc pas être douteux que celui qui l'a acquise n'ait le droit de la conserver et d'empêcher le voisin de bâtir sur la limite des deux héritages de manière à obstruer ou à annihiler ce droit de vue [1]. Mais, ainsi que le fait observer M. Solon [2], suivant la règle certaine qu'un droit de servitude n'en donne pas un autre, il ne faut pas donner trop d'extension aux principes que je viens de poser. L'existence d'un droit de vue ne peut donner à celui qui en jouit d'autre droit que celui d'empêcher le voisin de bâtir en deçà de la distance dont il est parlé aux articles 678 et 679. La servitude de vue n'entraine pas avec elle celle de *prospect* ou d'*altius non tollendi* qui est une servitude non apparente et qui ne peut s'établir que par titre [3]. Ainsi le voisin pourra toujours, en observant les distances légales, planter des arbres sur le fonds servant. Il pourra aussi acheter la mitoyenneté du mur où sont percées les ouvertures, mais sous la condition cependant de ne pas élever les constructions plus haut que ces ouvertures.

29. Je viens de rappeler sommairement les principes relatifs à l'exercice des droits de jour et de vue entre voisins : il nous reste à voir quels ils sont à l'égard des voies de communication.

J'ai déjà dit que ces voies ont pour destination essentielle de fournir une issue aux propriétés qu'elles traversent; on peut dire avec autant de vérité qu'elles sont aussi destinées à procurer aux habitations qui les bordent l'air, le jour et la lumière. L'usage a prévalu depuis longtemps de placer les façades des maisons immédiatement contigues à la voie publique et l'on peut dire que cet usage est aussi conforme à l'agrément du public lui-même qu'à celui des propriétaires de ces maisons. Il est en effet évident que nos rues ne présenteraient rien de régulier ni de monumental si elles étaient bordées de murs sans ouvertures : leur aspect sombre et monotone ne serait propre qu'à fatiguer les yeux au lieu de les réjouir.

30. Mais doit-on, pour l'exercice du droit de vue, faire une distinction entre les diverses voies de communication? Je ne le pense pas. Ce droit peut s'exercer sur toutes les voies, quelque soit leur destination spéciale, sans qu'il puisse en résulter le plus léger inconvénient. Pourquoi restreindrait-on les services qu'elles peuvent rendre dès l'instant que l'intérêt général n'en est pas affecté? Qu'importe à la navigation que l'on prenne des vues sur un canal, sur une rivière? Que peut faire à l'exploitation du chemin de fer que les particuliers y jouissent d'un droit de vue? Si ce droit est inhérent, pour les propriétés bâties, à l'existence même des routes, il faut dire qu'il existe également en faveur de ces propriétés lorsqu'elles sont situées sur une rivière, sur un ca-

---

[1] Bordeaux 1 déc. 1827. J. P. XXI, 906; 8 mai 1828. J. P. XXI, 1447. — Gand 28 nov. 1840. J. XIX , S. 1841, 33. — Montpellier 15 nov. 1847. S. V. C. 1848. 2. 124. — Nancy 7 fév. 1828. J. P. XXI, 1145. — Cass. F. 21 juillet 1856. J. P. XXXII, 1556; 1 déc. 1835. J. P. XXVII, 743; 9 août 1815; 5 déc. 1838. J. P. 1838. 2. 545. — Colmar 23 mars 1855. J. P. XXV, 299. — Grenoble 1 août 1827. J. P. XXI, 687. — Toulouse 21 avril 1830. — Nimes 4 août 1837. J. P. 1859. 2. 259; 16 avril 1841. J. P. 1841. 2. 251.

[2] Servit. n° 504.

[3] Cass. F. 23 avril 1817. J. P. XIV. 194; 15 fév. 1843. J. P. 1843. 1. 522; 5 déc. 1838. J. P. 1838. 2. 545; Brux. 10 août 1853. Pas. à sa date.

nal, etc. C'est ce que la cour de Liége a reconnu lorsqu'elle a décidé qu'on peut ouvrir des jours ou fenêtres d'aspect sur un canal dans lequel l'autorité publique a fait dériver une rivière et que ces jours ne peuvent être supprimés dans le cas de comblement de ce canal et de l'aliénation des terrains qui en proviennent 1.

31. Doit-on faire application de ces principes à une promenade publique? Je rappellerai ici la distinction que j'ai déjà faite au sujet de cette espèce de biens 2. Il est des promenades qui sont depuis un temps immémorial affectées à l'usage public, qui servent de places et qui sont ouvertes à tout le monde; il en est d'autres que les villes créent pour en former des parcs, des jardins d'agréments, qui sont closes de toute part et dont l'accès n'est ouvert au public qu'à des jours ou des heures déterminés. Il est évident que cette dernière espèce de promenade constitue un véritable bien communal qui ne diffère en rien d'une autre propriété privée et qui reste par conséquent soumise aux règles exposées ci-dessus. Quant aux promenades qui doivent être rangées dans le Domaine public, il semble évident qu'on ne peut, au point de vue de l'exercice des droits de vue, d'issue, etc., les distinguer des voies de communication en général et c'est précisément parce qu'elles sont du Domaine public qu'il faut leur faire rendre tous les genres de services qu'elles comportent. Ces principes paraissent avoir été méconnus dans un arrêt de la cour de Poitiers,

intervenu dans une espèce dont je vais donner l'analyse succincte. Un sieur Collinet possédait dans la ville de Poitiers un jardin contigu à un lieu nommé *clos des Gilliers* sur lequel il avait une terrasse. Ce clos ayant été changé plus tard en promenade par la ville, celle-ci voulut exiger que le propriétaire signât une déclaration par laquelle il reconnaissait que la jouissance de sa terrasse n'était que de pure tolérance et ne pouvait jamais constituer une servitude de vue sur la promenade. Sur le refus du sieur Collinet l'affaire vint devant les tribunaux. Le tribunal de première instance donna gain de cause à la ville par un jugement ainsi motivé :

« Considérant que le parc de Blossac est une propriété communale ou l'universalité des citoyens peut se procurer le délassement de la promenade et prendre part à des fêtes ou réunions publiques ; que si une des premières conséquences de la destination d'un semblable lieu est, pour les citoyens qui s'y rassemblent, la faculté de voir et d'être vus, cette faculté toute personnelle à ceux qui en jouissent, doit, pour rester dans les limites de sa destination, être exercée dans le lieu même et avec une égale réciprocité, par tous ceux qui y prennent part; que le droit de prendre des vues sur ce parc, celui de s'y introduire des héritages voisins par d'autres moyens que le public, et toutes les autres facultés de cette nature, sont en dehors de la destination d'un pareil lieu et ne peuvent être exercées au profit des propriétés riveraines ou de leurs habitants que dans les termes du droit commun qui en règle ou en détermine l'usage; que le parc de Blossac est

<hr>

1. Liége 2 avril 1838. J. XIX. S. 1839. 46.

2. Du Domaine public et des choses communes, n° 45.

une propriété immobilière, qui, par sa nature et sa destination, a entre les mains de la ville de Poitiers le caractère d'un domaine public municipal; qu'un immeuble de cette nature n'est pas dans le commerce ; que l'article 2226 (c. c.) ne veut pas qu'on puisse prescrire le domaine des choses qui ne sont pas dans le commerce; que le droit de vue et d'aspect que réclame Collinet sur le parc de Blossac est une servitude continue et apparente; que, si aux termes de l'article 690 (c.c.), ces sortes de servitudes s'acquièrent par titre ou par possession trentenaire, ce dernier moyen d'acquérir ne peut s'appliquer à une chose qui n'étant pas dans le commerce est imprescriptible de sa nature; que, dès lors, c'est par des titres seulement que Collinet peut justifier le droit de servitude qu'il prétend sur le parc de Blossac.

Sur l'appel du Sr Collinet la cour royale de Poitiers rendit le 31 janvier 1837 l'arrêt suivant : La cour — attendu que les titres produits par Collinet quoique anciens ne contiennent aucune énonciation se rapportant à la servitude de vue et d'aspect sur la promenade dite de Blossac ; que le terrain des Gilliers ayant été transformé en promenade publique par l'autorité compétente, cette destination a eu pour effet de retrancher cette promenade du nombre des choses qui sont dans le commerce; qu'on ne peut prescrire les choses qui ne sont pas dans le commerce; adoptant au surplus les motifs des premiers juges ; confirme :

Ces décisions consacrent des principes complètement erronés et dont il importe, me semble-t-il, de faire ressortir toute la fausseté. De deux choses l'une : ou bien le parc de Blossac était un lieu fermé, uniquement destiné à donner des fêtes, une propriété communale ordinaire ayant seulement une affectation spéciale, ou bien c'était une place, une promenade ouverte au public et consacrée à l'usage de tous. Dans la première hypothèse il est impossible de comprendre comment on pourrait soustraire une telle propriété aux règles ordinaires qui régissent l'acquisition et l'extinction des servitudes de vue, d'aspect, etc., auxquelles les immeubles peuvent être soumis en général. Dans la seconde hypothèse qui est celle où les juges paraissent s'être placés, il était exact de dire que le parc de Blossac était hors du commerce et par conséquent imprescriptible, mais cette imprescriptibilité ne pouvait avoir d'autre effet que de soustraire ce parc à des droits d'usages exclusifs et incompatibles avec sa destination de chose publique. Or, le droit d'y prendre des vues n'est pas de cette espèce. On ne peut soutenir avec quelque apparence de raison que l'existence d'une fenêtre ou d'une terrasse prenant vue sur une promenade ou sur une place publique cause une incommodité quelconque à ceux qui se promènent dans un tel lieu : s'il est vrai qu'ils y vont pour voir et être vus, qu'importe la manière dont on les regarde? Si l'on admet des différences à cet égard, c'est que le lieu n'est pas public. On serait tenté de croire, en lisant les motifs du jugement du tribunal de Poitiers, que le parc de Blossac était fermé, que le public n'y était admis qu'à certaines conditions et à certaines heures; dans ce cas on conçoit qu'il importe à la destination d'un semblable lieu que l'on ne puisse s'y introduire que par l'endroit où le public y est admis et qu'on ne puisse y prendre des vues par le dehors, surtout si l'on y donne des spectacles ou des réjouissances pour lesquelles on paye un droit d'entrée. Mais alors le parc de Blossac ne diffère en rien d'une salle de spectacle, d'un cirque, d'une enceinte réservée, etc., c'est une propriété qui appartient en propre à la ville de Poitiers et il n'existe aucun texte de loi qui accorde à des propriétés de cette espèce l'imprescriptibilité de certains usages ou de certains droits.

32. Le droit de prendre des vues sur les voies publiques est absolu; il n'est pas subordonné à la largeur de ces voies. C'est ainsi qu'il a été établi, par de nombreux arrêts et par les auteurs, que lors même que deux propriétés sont séparées par une ruelle ou rue publique qui n'a pas 19 décimètres de largeur, chaque propriétaire a le droit d'y prendre des vues droites ou obliques en se conformant toutefois aux réglements de police 1. Peu importe la manière dont ces vues sont prises; si c'est au moyen de fenêtres, de balcons ou d'autres saillies. On remarquera seulement que toute saillie ou anticipation sur la voie publique ne peut avoir lieu sans l'autorisation expresse de l'administration.

Comme conséquence du même principe il a été décidé que les règles tracées par le code civil pour l'ouverture de vues sur l'héritage du voisin ne font pas obstacle à ce qu'un propriétaire qui borde la voie publique prolonge son balcon jusqu'à la ligne séparative de l'héritage voisin et que l'art. 679 n'est pas applicable à ce cas 1. M. Solon et plusieurs auteurs recommandables n'admettent pas cette doctrine. Ils font remarquer que les articles du code sont conçus dans des termes formels qui ne se prêtent point à la distinction que l'on veut admettre; que l'observation des distances légales est plus nécessaire encore dans les villes qu'à la campagne où les maisons sont isolées, puisque la contiguité des maisons se prête plus aisément à l'introduction des malfaiteurs; qu'enfin il n'y a aucun motif de s'écarter des règles du code lorsqu'il s'agit de constructions en saillie qui n'ont pour objet que de procurer aux habitations un plus grand agrément de vue et qui sont en quelque sorte pour elles un objet de luxe. Mais l'usage a prévalu contre ces raisons et l'on voit aujourd'hui beaucoup de balcons dont les côtés sont à moins de six décimètres de l'héritage voisin. La jurisprudence, ainsi que je l'ai dit, paraît sanctionner ces entreprises. Il faut cependant ne pas perdre de vue qu'il restera toujours des doutes très-sérieux sur leur légitimité puisque le code, dans les règles qu'il trace, n'a formulé aucune exception en faveur de ceux qui établissent leurs balcons sur la voie publique.

---

1 Cass. F. 1 mars 1848. S. V. C. 1848, 1, 622. — Bourges 15 déc. 1831; 8 mars 1843. J. P. 1843, 2, 780. — Dijon 7 mai 1847. J. P. 1848, 1, 32. — Pardessus servit. nº 204. — Merlin Rép. Vº Vue. — Toullier t. 5, nº 444. — Duranton t. 5, nº 412. — Favard de Langlade Vº servitude. — Solon nº 294. — Marcadé t. 2, p. 673. — Pour les vues obliques. V. Cass. F. 27 août 1849. J. P. 1849, 2, 166. — On peut citer deux arrêts contraires à cette jurisprudence. Dijon 26 mai 1842. J. P. 1842, 2, 29 et Nancy 25 nov. 1816. J. P. XIII, 692.

1 Cass. F. 31 janv. 1826; 27 août 1849. S. V. C. 1849, 1, 610. — Bruxelles 14 août 1848. B. J. VI, 1266. V. contre Dijon 7 mai 1847 déjà cité. J. P. 1848, 1, 33 et la note.

33. Aux termes de l'article 640 du code civil, les fonds inférieurs sont assujettis, envers ceux qui sont plus élevés, à recevoir les eaux qui en découlent naturellement sans que la main de l'homme y ait contribué. Il en résulte qu'un propriétaire ne peut jamais être forcé de recevoir les eaux qui s'écoulent du toit de la maison du voisin, car l'écoulement de ces eaux provient évidemment de la main de l'homme. Le code renferme à cet égard la disposition suivante :

« Article 681. Tout propriétaire doit établir des toits de manière que les eaux pluviales s'écoulent sur son terrain ou sur la voie publique ; il ne peut les faire verser sur le fonds de son voisin. »

Tout propriétaire qui veut faire couler du côté du voisin les eaux pluviales qui tombent de son toit, doit laisser au-delà de son mur un espace de terrain suffisant pour que les eaux tombent sur son propre fonds. Ni la loi, ni l'usage ne fixent la largeur de ce terrain ; il varie suivant l'inclinaison et l'avancement du toit. Mais les propriétaires ne réservent pas toujours un pareil espace le long de leurs constructions et il arrive souvent qu'ils se contentent du droit de laisser écouler les eaux de leur toit chez le voisin. Ce droit s'appelle droit de gouttière ou d'égout (jus stillicidii), il constitue à l'égard du voisin une servitude continue et apparente: elle s'acquiert dès lors par la prescription ou par la destination du père de famille.

Il est bien à remarquer que l'article 681 n'établit pas au profit du propriétaire du toit, une présomption légale de propriété de la partie du terrain que couvre la saillie de son toit et sur laquelle se déversent les eaux pluviales. Il n'établit qu'une simple présomption abandonnée aux lumières des magistrats et qui peut être combattue par des présomptions contraires [1].

La servitude de gouttière n'empêche pas le propriétaire du fonds servant d'acquérir la mitoyenneté du mur de l'édifice dominant et d'en user ; seulement il doit faire en sorte de ne pas nuire à l'exercice de la servitude et il ne pourrait pas non plus élever des constructions qui rendraient nécessaires pour l'exercice de la servitude des ouvrages sur le toit de l'édifice dominant [2].

La servitude de gouttière pour les eaux de pluie n'entraîne pas avec elle celle d'écoulement des eaux ménagères et urinaires [3]. Il ne serait pas non plus permis de l'aggraver par l'adjonction d'un nouveau bâtiment à celui au profit duquel elle s'exerçait d'abord [4].

Le droit que l'article 681 consacre en faveur des héritages qui longent la voie publique, doit fixer un instant notre attention. Il faut remarquer que le code ne parle que des eaux pluviales tombant des toits [5]. Mais il ne dit pas que ces toits doivent appartenir exclusivement à des bâtiments contigus à la voie publique et il est évident que le droit d'écoulement des eaux sur la voie publique doit s'étendre à toutes celles qui se rassemblent dans les cours et autres dépendances des habitations voisines de la voie publique. C'est ici le cas de faire application du principe que nous

[1] Cass. F. 28 juil. 1831. S. V. C. 1831. I. 600.
[2] Bourges 21 déc. 1831. J. P. XXIV. 470.
[3] Paris 14 mars 1836. S. V. 56. 2. 529. Daviel, cours d'eau, n° 754.
[4] Liége 3 mars 1838. J. XIX. S. 1838. 166.
[5] Cass. F. 8 janv. 1834. J. P. XXVI. 2. 4.

avons souvent invoqué et suivant lequel la voie publique doit rendre tous les services possibles dès l'instant qu'ils ne sont pas incompatibles avec l'intérêt général.

D'autre part ce droit de faire écouler les eaux des toits sur la voie publique n'emporte pas celui de dériver sur cette voie toutes les eaux pluviales qui se rassemblent sur les terrains qui l'avoisinent. Si la situation des lieux ne donne pas aux eaux un écoulement naturel dans ce sens, les particuliers ne peuvent le provoquer par l'établissement de rigoles, de dérivations, d'aqueducs, etc. 1.

Cependant comme les routes sont ordinairement construites de manière à ce que les eaux qu'on y fait tomber puissent s'écouler sans les endommager, l'administration tolère les entreprises de ce genre ; mais les particuliers sont tenus de demander son autorisation dans la forme ordinaire, c'est-à-dire de s'adresser par pétition sur timbre au gouverneur de la province.

34. Ces mots *la voie publique* de l'article 681 doivent s'appliquer aux rivières et aux canaux. Comme il est évident qu'on ne peut porter aucun préjudice à ces voies en y amenant les eaux pluviales des habitations et qu'au contraire la destination qu'elles tiennent de l'art aussi bien que de la nature, s'accommode parfaitement du droit de gouttière, on doit l'admettre en faveur des habitations. On remarquera seulement que son exercice doit être subordonné à une autorisation administrative, car comme il faudra dans chaque cas traverser les chemins de

halage des rivières ou les berges des canaux pour l'établissement des gargouilles, des tuyaux ou des canaux, destinés à conduire les eaux pluviales l'administration doit prescrire les mesures à prendre pour que ces travaux soient exécutés de manière à ne porter aucun préjudice à ces voies de communication.

Les chemins de fer n'existaient pas à l'époque de la rédaction du code civil et ce motif seul pourrait suffir pour admettre que cette espèce de voie n'est pas soumise à l'exercice du droit de gouttière de la part des habitations. La nature des choses s'y oppose d'ailleurs. Ici le droit de gouttière peut d'autant moins exister que celui d'accès ou de circulation n'a pas lieu lui-même. On se rappelera à cet égard ce que j'ai dit dans le paragraphe précédent.

35. Il est d'un usage à peu près général de laisser couler sur les voies publiques les eaux ménagères. Cet usage est-il fondé en droit? Cette question semble d'abord assez difficile à résoudre, et la jurisprudence ne nous fournit à cet égard que peu de lumières. Si l'on consulte la nature des choses et les motifs de convenance qu'on peut alléguer pour ou contre, l'embarras n'est pas moindre. Il est certain qu'en général il est très-utile que les eaux ménagères puissent s'écouler sur la voie publique pour se rendre de là dans des canaux, des rivières ou des fosses d'absorption. Mais si ces canaux n'existent pas, il y a de grands inconvénients à ce que les eaux séjournent sur la voie publique où elles croupissent et engendrent des miasmes dangereux. D'autre part, si les particuliers sont tenus de conserver chez eux les eaux ménagères et de les réunir

---

dans des puisards, l'inconvénient peut ne pas être moindre. Ces puisards peuvent être eux-mêmes des foyers d'infection. En somme et si l'on s'en tient à la rigueur des principes, on doit dire que l'écoulement des eaux ménagères sur la voie publique ne peut pas être considéré comme un droit pour les particuliers puisqu'aucun texte de loi ne le consacre, et qu'on ne peut invoquer en sa faveur des raisons d'intérêt général partout applicables. L'écoulement de ces eaux est déterminé dans chaque localité par les règlements de police.

Parmi les auteurs qui se sont occupés de la question de l'écoulement des eaux sur la voie publique M. Foucart ne distingue pas entre les eaux pluviales et les eaux ménagères [1]. Mais cet auteur ne paraît pas avoir assez approfondi cette question pour que son opinion ait de l'importance. M. Husson [2] est entré plus profondément dans le sujet et il me semble avoir résolu la question suivant les vrais principes.

« Si quelquefois, dit-il, des propriétés riveraines sont astreintes à des charges dans l'intérêt des routes, ces mêmes propriétés peuvent revendiquer à leur profit les droits d'usage que comporte la destination des voies publiques. Ainsi la libre circulation, le droit d'ouvrir des jours et issues sur les routes, et d'y écouler les eaux pluviales des toits ne peuvent jamais être refusés à ceux qui les réclament [3]; mais l'administration ne peut être obligée à souffrir sur les routes le jet des eaux ménagères et industrielles; car il arriverait fréquemment que, privées d'un écoulement régulier, ces eaux, en s'accumulant, y compromettraient la viabilité et la salubrité, qui sont les deux premiers besoins des voies de communication. Plusieurs auteurs en parlant des eaux que les riverains peuvent écouler sur les routes, distinguent entre les eaux pures et les eaux corrompues; selon eux, les eaux de la première espèce pourraient être jetées sur la voie publique. Cette doctrine ne pourrait être admise sans les plus fâcheuses conséquences; d'abord, en droit, il est positif et il nous semble incontestable que les eaux des toits sont les seules qui puissent être déversées légalement sur les chemins; aucun texte de loi n'autorise à étendre ce droit à d'autres eaux. Quant à la distinction entre les eaux pures et les eaux infectes, elle est puérile; tout le monde sait que les eaux pures privées d'écoulement se corrompent et deviennent nuisibles; sur les routes, elles ont encore l'inconvénient de détremper les terres, de dégrader les ouvrages et de compromettre la viabilité. Ces eaux ménagères et industrielles ne peuvent donc être jetées sur les voies publiques qu'en vertu d'autorisation administrative, et l'administration ne doit donner ces permissions que lorsque les routes offrent des moyens assurés d'écouler les eaux qu'elles reçoivent, sans cesser d'être viables et salubres, et sans aggravation pour les fonds privés inférieurs déjà grevés d'écoulements. »

36. La question de l'écoulement des eaux ménagères sur la voie publique en soulève une autre: dans les villes

[1] Traité de droit administratif, t. 2, p. 195.
[2] Traité de la législation des travaux publics, t. 1, p 592.
[3] Conseil d'État 25 avril 1853. Cette ordonnance décide qu'une commune ne peut affermer au profit d'un tiers, partie d'une place publique et priver ainsi les riverains des droits de vue, d'issue et de desserte.

les rues sont ordinairement sillonnées dans le sens de leur longueur par des canaux que l'administration y établit dans le but de recueillir toutes les eaux de la superficie et d'empêcher ainsi qu'en temps d'orage et de pluie elles ne forment de véritables torrents sur la voie publique.

Les habitants peuvent-ils avoir le droit de conduire leurs eaux ménagères dans ces canaux? Non. Le droit qu'ils n'ont pas à la surface ils ne peuvent le revendiquer sous le sol de la voie. Observons cependant qu'ils serait tout-à-fait déraisonnable et même absurde de la part de l'administration de refuser l'introduction des eaux ménagères dans les canaux. Il faut bien que les eaux aillent quelque part et il est évident que leur place est là plutôt qu'ailleurs ; mais cette considération ne crée aucun droit en faveur des habitants. Ordinairement il s'opère entre ceux-ci et l'administration une sorte de compromis ou de transaction qui profite en même temps au particulier et à la salubrité publique. L'introduction des eaux ménagères dans les canaux a lieu au moyen d'une certaine redevance annuelle qui sert à couvrir les frais d'entretien, de curage, etc., des égoûts.

L'autorisation accordée à un particulier de faire couler ses eaux ménagères dans les canaux ou égoûts des rues, peut-elle s'étendre à la décharge des lieux d'aisance ou à d'autres matières? Evidemment non, à moins que l'administration ne l'ait positivement stipulé. On ne doit pas oublier qu'en règle générale, tous les usages spéciaux qui sont concédés sur le Domaine public et ses dépendances doivent être rigoureusement circonscrites dans les termes même de l'acte d'autorisation dé-

livré par l'administration. Cette faculté de décharger les lieux d'aisance dans les égoûts peut-elle être acquise par prescription? On doit aussi répondre négativement par ce motif que le Domaine public et ses dépendances sont imprescriptibles.

Mais ici se présente une question qui intéresse vivement les administrations des villes. Si l'autorité communale a concédé à un particulier la permission de décharger les eaux ménagères et les lieux d'aisance de sa maison dans le canal établi sous la voie publique, ces particuliers ont-ils le droit de conserver ces voies d'écoulement contre le gré de l'administration communale qui aurait résolu leur suppression ? Il faut distinguer deux cas : si la concession a été faite gratuitement on peut la considérer comme un acte de pure tolérance de la part de l'autorité et il est même impossible de lui donner un autre caractère. Tout usage exclusif et gratuit sur la voie publique doit être considéré comme essentiellement précaire et toujours révocable [1]. Il en serait de même si le particulier avait fait usage de ces canaux sans concession ou permission de l'autorité; sa possession fut-elle immémoriale, les dépendances du Domaine public restent toujours imprescriptibles.

Le second cas se présente lorsque la concession a été faite à titre onéreux ou moyennant redevance ; mais alors il faut encore faire une distinction. Il s'agit ici de l'établissement d'une servitude sur une dépendance du Domaine public; or toute concession de ce

[1] V. mon premier travail : du Domaine public et des choses communes, n° 15, 16 et 18.

genre peut être considérée comme une aliénation partielle et je ne vois pas sur quoi on se fondrait pour s'écarter ici des règles ordinaires.

Les communes ne peuvent aliéner aucune partie du Domaine public correspondant à la petite voirie sans l'autorisation du Roi : le Gouvernement de son côté ne peut consentir aucune aliénation de cette espèce en ce qui concerne la grande voirie sans y avoir été autorisé par la législature; si donc la concession a été faite en suivant les formalités prescrites pour l'aliénation des dépendances du Domaine public, elle est régulière et le particulier qui en jouit ne peut en être privé que par la voie de l'expropriation. Mais si elle a été faite en violation des règles administratives, elle est évidemment entachée d'un vice foncier qui la rend nulle; elle équivaut à une autorisation précaire; seulement le particulier, à qui on l'a retirée, a droit à la restitution du prix qu'il a payé et si c'est une redevance annuelle, elle s'éteint par le fait même.

37. Il est un dernier usage auquel la voie publique peut être affectée, mais seulement d'une manière accessoire et temporaire, c'est celui de souffrir le dépôt de certains objets indispensables à la vie domestique. Mais le dépôt de ces objets ne peut jamais être que momentané; il ne doit durer que le temps strictement nécessaire pour charger ou décharger les voitures qui les ont amenés. Ceux qui élèvent ou qui réparent des constructions quelconques ont aussi le droit de déposer sur la voie publique les matériaux dont ils auront besoin en se conformant aux prescriptions de l'autorité et aux mesures de précaution qu'elle exige.

Cette faculté que les riverains de la voie publique possèdent d'y faire des dépôts momentanés est une conséquence de la destination même de cette voie : on l'a déduite aussi implicitement de l'article 471, § 4, du code pénal qui ne punit le fait d'avoir embarrassé la voie publique que pour autant que le dépôt ait été fait *sans nécessité.*

38. Il me reste à exprimer, en peu de mots, les diverses conséquences qui résultent des principes que je viens d'exposer relativement aux droits de jour, d'issue et autres sur les voies publiques. Ces droits sont en quelque sorte attachés à la qualité de membre de la cité et ils sont tellement certains que tout changement dans l'état de la voie publique, qui viendrait à y porter atteinte, autoriserait le propriétaire lésé à réclamer un dédommagement [1].

Il a été jugé que le changement de destination survenu par la vente ou l'échange du sol d'une rue ou d'un chemin, supprimé comme inutile, ne peut avoir lieu que sous le respect des droits légitimement acquis et de manière à ne pas gêner l'usage qu'un propriétaire est en droit d'attendre des travaux qu'il a pratiqués dans l'intérêt de sa maison. La commune prétendrait en vain que les travaux sont sans utilité pour ce propriétaire et n'ont été établis par lui que postérieurement à la résolution prise par le conseil municipal de supprimer la rue ou le che-

---

[1] Metz 5 janv. 1812. J. P. X. 3. — Cons. d'Etat 17 janv. 1838 ; 2 mai 1845 ; 30 mars 1846 ; 1er mars 1848.

min, résolution dont on offre de prouver qu'il avait connaissance [1].

On a également décidé qu'il n'est pas permis à l'autorité municipale d'élever sur ces rues ou sur les terrains en dépendant des constructions susceptibles d'intercepter le jour et le passage et de mettre obstacle à l'exercice des autres servitudes auxquelles ont droit les propriétaires riverains [2].

Si le sol d'une voie publique vient à être vendu parce que l'autorité administrative aurait jugé à propos de changer sa destination, la mutation qui s'opère ne peut avoir d'effet rétroactif et ne donne pas à l'acquéreur le droit de faire supprimer les voies et issues antérieurement pratiquées sur cette voie [3].

Une rue est une propriété qui ne peut être supprimée par l'autorité qui l'a concédée qu'après une enquête de commodo et incommodo et le payement d'une indemnité aux propriétaires qui ont sur cette rue un droit de passage ou de vue qui se trouve anéanti. Si le passage, consistant en une porte, est devenu, par l'exhaussement du sol, trop petit pour y passer, dût-on même le considérer comme une servitude, sa suppression doit donner lieu à indemnité [4].

Si l'autorité vend à un particulier une portion de rue ou de place publique et lui trace en même temps l'alignement pour bâtir, il ne peut user de son droit qu'en respectant les droits de vue et de passage que les propriétaires ses voisins exercent sur la voie publique conformément à sa destination. Ces droits sont des droits de servitude fonciers que ceux auxquels ils appartiennent ne peuvent être forcés de céder que pour cause d'utilité publique, après l'accomplissement des formalités légales et moyennant une juste et préalable indemnité [1].

Le propriétaire d'une maison ayant une porte sur une rue, dont une ordonnance royale a autorisé la vente, ne peut être privé, sans indemnité préalable, de son droit de passage sur le terrain vendu sous prétexte que l'exhaussement du sol de la rue a rendu le passage impossible, lorsque cet exhaussement n'a pas existé pendant un temps suffisant pour faire présumer l'extinction de la servitude [2].

Si une maison vient à être démolie, pour le sol en être réuni à la voie publique, et qu'il ne reste de cette maison que le mur mitoyen, la prohibition qui résulte de l'art. 675 pour le co-propriétaire de ce mur de pratiquer des ouvertures vient à cesser et le propriétaire exproprié de son fonds ne possédant plus aucune partie du sol en deçà du mur mitoyen ne peut, par défaut d'intérêt, empêcher l'autre co-propriétaire de pratiquer dans le mur des ouvertures de vue ou d'accès [3].

Mais il faut distinguer entre l'ouverture de fenêtres ou de jours et l'exercice de la servitude de vue ou de prospect connu dans le nom de servitude *altius non tollendi* et en vertu de laquelle le propriétaire du fonds assujéti

---

[1] Bourges 8 mars 1845.

[2] Nancy 28 janvier 1840. S. Cas. F. 19 nov. 1841.

[3] Liége 24 juin 1835. J. XIX. S. 1835. 484. — Rennes 11 fév. 1830. J. P. XXIII. 160. Pardessus, servitud., n° 40 et 41 ; Duranton, t. V, n° 296.

[4] Bourges 6 avril 1829. J. P. XXII. 884.

[1] Cas. F. 12 juillet 1842. 2. 102.

[2] Cas. F. 11 févr. 1828. J. P. XXI. 1149.

[3] Montpellier 9 juin 1848. S. V. C. 1848, 2, 679.— Cass. F. 31 janvier 1849.

ne peut élever sur ce fonds des constructions, des plantations, etc., qui empêchent le propriétaire du fonds dominant de projeter sa vue au loin et de l'étendre au delà du fonds frappé de la servitude. Si l'on vient à établir une rue sur la ligne séparatrice de deux héritages de telle sorte qu'il reste de chacun d'eux des parcelles bordant la rue nouvelle, l'ouverture de cette rue ne fait nullement disparaître la servitude qui grevait l'un des deux héritages et le propriétaire du fonds assujéti ne peut se servir de la nouvelle rue pour y avoir des jours ou issues qu'en respectant la servitude *altius non tollendi* qui n'a cessé de grever son héritage [1].

S'il est incontestable que la suppression des accès, des issues, des vues ou des jours que les particuliers possèdent sur la voie publique donne ouverture au droit d'être indemnisé, on ne doit pas oublier que par ces expressions la *voie publique* il faut entendre les voies de communication

dont j'ai parlé dans ce qui précède, et le lecteur ne perdra pas de vue les distinctions que j'ai faites entre chacune de ces voies. Il est de toute évidence que là où les droits de jour et d'issue ne s'exercent que par le bon vouloir de l'administration et ensuite de son autorisation, il ne peut jamais y avoir lieu à indemnité en cas de suppression.

En dehors des droits que la loi accorde formellement aux particuliers sur le domaine public ou qui sont la conséquence directe et rigoureuse de l'existence de ce domaine, il n'existe que des tolérances ou des usages précaires. Si cette précarité n'était pas même exprimée dans l'acte d'autorisation, elle serait toujours sous-entendue.

Ainsi c'est en vain qu'un particulier revendiquerait un droit d'écoulement des eaux ménagères de son habitation sur la voie publique ou dans les canaux qui en sont un accessoire. Ce droit n'est pas de ceux que l'on peut considérer comme appartenant absolument aux riverains des rues, des chemins, etc. (n° 36 Sup.) Il faut en dire autant des droits d'issue sur un canal, sur un chemin de fer, etc.

---

[1] Cass. F. 7 mai 1851. J. P. 1851, 2, 558. — Paris 11 nov. 1833. Sous Cass. 50 mars 1837. J. P. 1837, 2, 16.

§ 3.

DU DROIT DE DÉFENSE DES RIVERAINS CONTRE L'ACTION DES EAUX.

Double danger auquel les riverains sont-exposés, 39. — Droit de défense des rives, 40. — Son exercice en ce qui concerne les rivières navigables, 41. — Quel est le sens des dispositions consacrées par les réglements, 42. — Droit de défense en ce qui concerne les cours d'eau non navigables. Prescriptions des réglements, 43. — Améliorations à introduire dans la législation, 44. — Travaux de préservation contre les eaux d'inondation. Examen et discussion des divers systèmes en présence sur les droits des riverains, 45.

39. Il est deux sortes de dangers ou d'inconvénients auxquels les berges des cours d'eau et les terres riveraines sont exposées. L'eau par son action incessante corrode et dégrade ses rives; en outre elle sort périodiquement de son lit et occasionne des inondations sur une étendue plus ou moins grande des vallées. Il en résulte la nécessité de travaux de deux espèces qui consistent d'abord à réparer et à fortifier les rives, et en second lieu, à établir des digues longitudinales ou transversales destinées à arrêter les eaux, à les maintenir dans la rivière et à protéger les champs riverains. Nous avons à examiner successivement les principes applicables à ces deux genres de travaux.

40. Suivant la loi romaine [1] tout propriétaire avait le droit de faire aux rives les travaux de défense nécessaires, et les voisins ne pouvaient y mettre opposition. Ils avaient seulement le droit d'exiger une caution préalable pour dix ans lorsqu'ils avaient lieu de croire que ces travaux pourraient leur être nuisibles. Quant à l'autorité publique, elle ne pouvait s'y opposer que pour autant qu'ils fussent nuisibles à la navigation. Il était d'ailleurs interdit de rien faire dans le fleuve ou sur ses rives qui fût de nature à donner au cours de l'eau une autre direction que celle qu'il avait l'été d'auparavant [1].

La loi romaine ne faisait aucune distinction entre les rivières navigables et celles qui ne le sont pas et aucune loi générale n'est venue après elle apporter de restriction au droit des riverains en ce qui concerne le droit de défense des rives, mais il s'est établi par la force des choses et tout naturellement une distinction entre les ri-

---

[1] Dig. lib. XLIII, tit. 15, de Ripa murienda.

[1] L. 1. princip. § 15, Dig. 43, tit. 15.

vières navigables et les autres cours d'eau ; chacun d'eux a eu ses réglements particuliers que nous devrons examiner séparément.

41. Occupons-nous d'abord des rivières navigables.

Les art. 27 et 29 des réglements de Marie-Thérèse, en date du 6 octobre 1740 pour l'Escaut, obligent ceux qui croiraient nécessaire de faire quelques ouvrages de pilotis, de fascinage ou de maçonnerie pour soutenir les bords de leur terrain le long de la rivière, de se faire autoriser par écrit par les gens de loi [1] du lieu. Le réglement du 8 juillet 1824 sur la police des rivières et canaux de la Flandre orientale, approuvé par arrêté royal du 18 nov. 1824 a renouvellé ces prescriptions pour le Haut Escaut. Le même réglement considère comme une contravention la construction *non autorisée* d'un ouvrage quelconque le long des digues et talus des rivières de la Flandre Orientale.

L'art. 4 du réglement du 9 octobre 1849 pour la Lys porte la même interdiction de ne faire aucun travail aux rives sans autorisation préalable.

Le réglement de Marie-Thérèse du 25 août 1763 pour les Nethes reconnaît au contraire dans son art. 8 aux riverains le droit de planter sans autorisation préalable des osiers dans les bords de ces rivières pour maintenir les terres et les digues et il les oblige seulement à les couper tous les ans. Le réglement des Etats de la province d'Anvers du 7 juillet 1828 approuvé

par arrêté royal du 12 janvier 1829, impose aux propriétaires de ces mêmes rivières l'obligation d'en réparer les digues et de les maintenir en bon état et il se borne à prohiber les travaux en lit de rivière.

Le réglement de la même impératrice en date du 20 août 1754 pour la Dyle et le Demer après avoir établi diverses défenses ou prescriptions relatives à la police du lit et des bords de ces rivières porte expressément : « Art. 26…. Cependant nous n'entendons pas par là défendre de planter des osiers pour relier les digues et la terre dans les trous et tournants des rivières et dans tous les endroits sujets à des empiètements par le courant : mais nous voulons au contraire que les propriétaires et possesseurs, plantent dans les dits endroits une espèce de jonc capable d'empêcher les éboulements des digues sous condition cependant de les couper tous les ans à rase de terre et à la même hauteur. »

En outre l'art. 27 porte que les propriétaires riverains qui sont tenus de réparer les bords et rives des rivières et qui rencontrent dans leur propriété des terres mouvantes doivent les consolider par le moyen de fascinages ou d'autres travaux. Il n'est nulle part question dans ces règlements d'autorisation préalable. Les choses restèrent dans cet état jusqu'à l'arrêté royal du 4 mars 1845 qui porte : « Art. 1er. Il ne pourra être commencé aucun travail public ou particulier, flottant ou adhérant au sol, dans le lit de la Dyle ou du Demer, *ni sur les bords, quais ou berges*, sans une autorisation spéciale. L'art. 5 défend en outre de placer dans les rives de ces rivières des fascinages, pilotages ou *autres travaux de*

---

[1] On désignait ainsi les officiers ou magistrats chargés de la justice et de l'administration, deux choses qui, à cette époque, n'étaient pas complétement séparées.

quelque nature que ce puisse être sans une autorisation préalable.

Les anciens réglements pour la Dendre [1] se bornaient à prohiber toutes entreprises nuisibles au cours de cette rivière. L'arrèté royal du 26 septembre 1839 portant réglement de police renouvelle dans son art. 4 les prescriptions de l'art. 5 du réglement pour la Dyle et le Demer que je viens de rappeler ci-dessus.

Le réglement du 17 mai 1596 sur la conduite de la navigation dans le pays de Hainaut impose aux riverains l'obligation de curer les rivières la Trouille et la Haine et d'entretenir les digues, mais il ne fait aucune mention de la nécessité d'une autorisation préalable. Ce réglement défend d'ailleurs, comme tous ceux de cette époque, de faire des dépôts dans le lit ou sur les bords des rivières, de couper les digues, de les dégrader, etc.

Les anciens édits et ordonnances pour la Meuse, l'Ourthe et la Vesdre au pays de Liége imposaient aux riverains l'obligation de réparer le chemin de halage et les bords des rivières [2]. Il n'y était nullement question de l'obligation d'une autorisation préalable pour entreprendre ces travaux.

Sohet dans ses *instituts* [3] reconnaît aux riverains le droit de défendre leurs héritages et il s'appuie à cet égard sur l'autorité de Méan et sur les textes du droit romain.

Un réglement de police et de navigation pour la Meuse a été porté par l'arrêté royal du 3 novembre 1841 ; l'article 1er de ce réglement est identique à l'article 1er du réglement du 4 mars 1845 pour la Dyle et le Demer reproduit ci-dessus et qui consacre le le principe de l'autorisation spéciale.

Il serait superflu de pousser plus loin cet examen : on voit qu'à l'exception du réglement du 6 octobre 1740 pour l'Escaut, les anciennes ordonnances émanées du pouvoir souverain, loin d'imposer aux riverains l'obligation de se munir d'une autorisation préalable pour pouvoir effectuer des travaux de défense à leurs rives, leur reconnaissait formellement le droit de les entreprendre quand ils le jugeaient utile [1]. Mais ces anciens réglements, en général, considéraient l'exécution de ces travaux comme une charge qu'il fallait imposer aux propriétaires riverains.

Ce n'est que dans les réglements particuliers à chaque rivière navigable et publiés après 1830 que l'obligation d'une autorisation préalable est formellement inscrite. Le droit de défense des rives, que la loi romaine reconnaissait aux riverains et qui n'a été légalement modifié que pour l'Escaut, a donc été restreint en dernier lieu par des arrêtés royaux. Quel est le sens des dispositions qu'il renferment ? Doit-on y voir une restriction au droit de propriété ? Nullement.

42. La défense portée aujourd'hui pour toutes les rivières importantes

---

[1] Les anciens réglements dont il s'agit ici pour l'Escaut, le Lys, la Dendre, etc., sont reproduits à leur date dans mon recueil intitulé : LÉGISLATION DES TRAVAUX PUBLICS en Belgique, etc. 3 vol. in octo. 1831-1834.

[2] V. le recueil des édits de Louvrex. V. aussi Ann. des Trav. publics, t. V, p. 159.

[3] Instituts de droit pour les pays de Liége, Luxembourg, Namur et autres, liv. II, tit. 47, § 8.

[1] Réglem. déjà cité pour les Nethes, la Dyle et le Demer.

du pays de n'entreprendre aucun travail sur leurs bords sans une autorisation préalable de l'administration est basée sur des motifs de convenance et d'ordre public ; la majeure partie des berges des rivières, celle qui est exposée à l'action des eaux, est aussi celle qui fait partie du Domaine public comme étant recouverte par les plus hautes eaux navigables ou par les plus hautes eaux non débordées [1]. Il est donc impossible aux riverains d'exécuter aucun travail aux berges des rivières sans toucher au Domaine public ; de là, pour l'administration, le droit et le devoir d'intervenir.

En second lieu, il est toujours à redouter que les riverains n'entreprennent des travaux qui, au lieu d'être simplement défensifs, ne soient en réalité offensifs pour les riverains opposés ou nuisibles à la navigation. À ce point de vue encore on peut dire que la défense de rien entreprendre sur les bords des rivières navigables est d'ordre public.

Quant à la manière dont l'administration doit entendre et appliquer les dispositions réglementaires qui sont aujourd'hui en vigueur, le bon sens et l'équité indiquent qu'elle doit user de beaucoup de circonspection et de tolérance. Elle doit laisser faire tous les ouvrages qui, de leur nature, sont inoffensifs pour la navigation. Elle ne peut, sous le prétexte que les travaux projetés manqueraient d'élégance, seraient peu réguliers ou d'un effet désagréable à l'œil, imposer aux riverains des ouvrages dispendieux et inutiles. Tous les genres de travaux doivent être tolérés dès l'instant qu'ils ne sont pas nuisibles. Elle ne peut non plus interpréter les réglements dans ce sens, que la simple réparation, non autorisée, des dégradations qui surviendraient tout-à-coup dans la berge d'une rivière par l'irruption des eaux, serait considérée comme une contravention, surtout lorsqu'il est constaté que cette réparation était urgente. Le conseil d'Etat a interprété les réglements de cette manière lorsqu'il a décidé que si les réglements de la grande voirie interdisent, sous peine de contravention, à tout propriétaire riverain d'exécuter sans autorisation aucun travail sur le bord où le long des fleuves et rivières navigables et flottables, on ne peut comprendre dans cette interdiction la réparation des excavations et des crevasses qui se seraient formées dans le marche-pied d'une rivière, qui rendaient le passage dangereux et nécessitaient de promptes réparations, lorsque ces travaux n'ont porté aucun préjudice à l'état de la rivière [1].

C'est aussi l'opinion de Proudhon, qui cite également un arrêt du Conseil d'Etat du 16 janvier 1828 [2].

43. Lorsqu'il s'agit des cours d'eau non navigables, il semble que l'on devrait, bien plus que pour les fleuves et rivières navigables, reconnaître aux riverains le droit de défense des rives ; mais ici encore l'autorité administrative est intervenue au moyen de réglements locaux pour restreindre et limiter ce droit.

Dans la province de Brabant les tra-

---

[1] Voir mon article sur le CHEMIN DE HALAGE, n° 28 et mon premier travail sur le DOMAINE PUBLIC, n° 88.

[1] Cons. d'Etat 26 juillet 1844. Dalloz, R. P. 5e partie 1845. 2.

[2] Domaine public, n° 770.

vaux de réparation des digues et talus des cours d'eau sont dirigés par l'administration communale aux frais des riverains 1. L'article 17 du réglement défend de faire aucune réparation aux cours d'eau sans y être autorisé par l'administration communale.

Le réglement sur les cours d'eau de la province de Hainaut se borne à prescrire aux riverains d'entretenir et de réparer les berges, talus et digues des cours d'eau.

Celui de la province d'Anvers prohibe toute plantation sur les talus et sur les bords immédiats des cours d'eau. Il fait également de l'entretien continu une obligation des riverains. Enfin il défend en termes généraux toute entreprise non autorisée sur les cours d'eau.

Dans la province de Liége le réglement sur les cours d'eau défend d'extraire des bords des gazons, terres, sables, etc., d'y faire des dépôts quelconques de même que des plantations et constructions sans y avoir été préalablement autorisé.

Le réglement de la province de Limbourg se borne à imposer aux riverains l'obligation d'entretenir les cours d'eau, leurs berges, digues, etc.

Le réglement de la Flandre Orientale défend expressément dans son article 21 de faire aucune grosse réparation, ouvrage de consolidation ou démolition le long des cours d'eau sans une autorisation de l'administration communale.

Enfin les réglements des provinces de Namur et de Luxembourg ne restreignent en aucune manière la liberté des riverains en ce qui concerne les réparations à faire aux cours d'eau. Ils se bornent à interdire toute anticipation ou encombrement du lit, etc.

Les dispositions de ces réglements forment, ainsi qu'on le voit, une véritable bigarrure : leur diversité est remarquable. Cependant il est aisé de se rendre compte des motifs qui les ont fait adopter. Elles ont généralement pour but de prévenir toute espèce d'anticipation sur les cours d'eau. Au point de vue de la salubrité et des inondations, le principal danger auquel les cours d'eau sont exposés est celui d'être rétrécis, obstrués par des travaux mal conçus, ou imprudemment exécutés. Le plus sûr moyen de prévenir le mal est sans doute de prohiber d'une manière absolue tout travail non autorisé le long du cours d'eau. Mais une semblable défense est-elle légale? On peut ici élever de graves objections.

« On doit reconnaître dans toute sa plénitude, dit Proudhon 1 , à l'égard des petites rivières, le principe qui veut que la défense (des rives) soit de droit naturel et qu'en conséquence les propriétaires riverains puissent licitement, de leur autorité privée, faire au bord de leurs héritages tous ouvrages de protection nécessaires ou utiles pour mettre obstacle aux ravages ou dégradations que le courant des eaux pourrait leur causer , pourvu néanmoins que ces ouvrages ne portent point atteinte aux droits d'autres propriétaires riverains. »

44. Il faudrait donc que la loi réglât le droit de défense des rives des cours d'eau non navigables aussi bien que

des fleuves et rivières navigables. Je rappelerai seulement, qu'en ce qui concerne les premiers, il n'y a qu'un seul intérêt en jeu: celui du libre écoulement des eaux ; et que du moment où la largeur du cours d'eau aurait été fixée de manière à assurer cet écoulement, rien ne ferait plus obstacle à ce qu'on permît aux riverains de faire pour la défense des rives tels travaux qu'ils jugeraient utiles. La fixation de la largeur légale des cours d'eau non navigables serait donc une mesure des plus utiles et qui suffirait à elle seule pour satisfaire aux exigences de la salubrité publique et de la sécurité des terres riveraines des cours d'eau en même temps qu'elle garantirait complètement les droits des propriétaires.

Quant aux rivières navigables, la loi devrait contenir des dispositions expresses. Pour bien apprécier dans quel sens il conviendrait que cette loi fut rédigée on remarquera que souvent les riverains sont d'une négligence extrême pour tout ce que concerne la défense de leurs rives. Ils la considèrent ordinairement comme une charge onéreuse et loin de soustraire leur propriété à l'action des eaux par des travaux utiles et ne font rien pour arrêter la corrosion des rives. Celles-ci se dégradent, les terres s'éboulent, sont emportées par le courant et vont plus loin former des attérissements ou rehausser le fond de la rivière. Ces faits sont très-nuisibles à la navigation, ils tendent à modifier sans cesse le régime de la rivière et il serait utile, dans l'intérêt de nos voies navigables, de les prévenir ou du moins de les atténuer autant que cela est possible. Il conviendrait donc de remettre en vigueur les prescriptions des anciennes ordonnances qui faisaient de la défense des rives une obligation des riverains; et la loi qui serait rédigée dans ce sens garantirait tout à la fois les intérêts du domaine public et ceux des riverains.

Dans l'état actuel de la législation les riverains des cours d'eau ont le droit de défendre leurs rives, sauf l'obligation de respecter les prescriptions de l'administration en ce qui concerne les travaux à faire sur le bord des rivières navigables et flottables, mais on ne peut les obliger à faire cette défense et il ne seraient passibles d'aucune action publique ou civile pour l'avoir négligée.

A l'égard du Gouvernement l'obligation qui incombe aux riverains de défendre leurs rives trouve sa sanction dans les dispositions de l'ordonnance de 1669 sur la servitude de halage. Si les riverains laissent emporter une partie de leur héritage par les eaux, ils sont tenus de fournir ailleurs la largeur du chemin de halage et l'administration ne perd pas ses droits ; c'est ainsi que ces riverains sont punis de la négligence qu'ils mettent à entretenir leurs rives.

Mais à l'égard des propriétaires qui les touchent, ils ne sont obligés à rien : en effet tout riverain reste toujours parfaitement le maître de conserver son bien ou de le laisser périr et aucune loi n'impose au propriétaire, dont le terrain longe une rivière, l'obligation de le conserver dans l'intérêt de son voisin. On peut citer à l'appui de cette doctrine un arrêt de la cour de Gand du 3 mars 1854 [1].

45. Nous arrivons maintenant à

[1] Pas. 1854, 2, 258.

l'examen des règles relatives aux travaux de préservation contre les eaux débordées.

L'art. 33 de la loi du 16 sept. 1807 porte que : « lorsqu'il s'agira de construire des digues à la mer ou contre les fleuves, rivières et torrents navigables ou non navigables, la nécessité en sera constatée par le Gouvernement et la dépense supportée par les propriétés protégées, dans les proportions de leurs intérêts aux travaux, sauf les cas où le Gouvernement croira utile et juste d'accorder des secours sur les fonds publics. »

On remarquera d'abord que ce texte s'applique à tous les cours d'eau sans distinction. Mais quelle est sa portée véritable? Doit-on y voir une interdiction absolue d'exécuter aucun ouvrage de préservation contre les eaux d'inondation des fleuves et rivières sans l'assentiment du Gouvernement qui doit en constater la nécessité ou bien cet article règle-t-il seulement le côté financier de la question en prescrivant de quelle manière les propriétaires riverains doivent supporter les frais de ces travaux ?

M. Jousselin [1] a soutenu que l'art. 33 de la loi de 1807 contient une prohibition générale et absolue et qu'il s'applique aux digues élevées dans un intérêt particulier aussi bien que celles élevées dans un intérêt collectif.

M. Garnier a cru comme M. Jousselin qu'il fallait entendre cet article dans ce sens qu'il est défendu aux riverains de faire des travaux de défense contre les eaux d'inondation sans l'autorisa-

tion du Gouvernement seul juge de la nécessité de ces ouvrages [1].

Enfin d'autres ont soutenu que l'interdiction de faire des travaux de défense est absolue et ils se sont appuyés sur l'art. 640 du code civil qui est ainsi conçu :

« Art. 640. Les fonds inférieurs sont assujétis envers ceux qui sont plus élevés à recevoir les eaux qui en découlent naturellement sans que la main de l'homme y ait contribué.

Le propriétaire inférieur ne peut point élever de digue qui empêche cet écoulement.

Le propriétaire supérieur ne peut rien faire qui aggrave la servitude du fonds inférieur. »

La cour d'Aix a décidé, contrairement à cette interprétation, que l'art. 640 c. civ. ne doit pas être étendu aux digues élevées sur des propriétés pour les préserver des débordements extraordinaires d'un fleuve, des excursions d'un torrent et en général de toute inondation accidentelle; et que chaque particulier a le droit de construire sur son fonds les digues et autres ouvrages qui peuvent le protéger contre ces cas de force majeure, alors même qu'il aggraverait par là les dommages que les mêmes circonstances peuvent causer aux propriétaires voisins [2].

Les diverses opinions qui se sont fait jour sur cette question sont donc au nombre de quatre.

Les uns ont soutenu que le droit de défense n'existe pas ; d'autres ont considéré ce droit comme subordonné à l'autorisation du Gouvernement; d'au-

---

[1] Traité des servitudes d'utilité publique. 1850. tom. 1, p. 254.

[1] Rég. des eaux I, 173.
[2] Aix 19 mai 1813. J. P. XI, 383.

tres ont affirmé qu'il est limité par l'obligation de ne pas nuire à autrui ; enfin quelques auteurs et un arrêt ont admis que le droit de défense est absolu et qu'il ne comporte aucune limite ; qu'il est une conséquence rigoureuse du droit de propriété ; que les voisins ne peuvent s'en plaindre puisqu'il leur est permis de faire à leur tour des ouvrages défensifs pour protéger leur propriété. Cependant il est incontestable qu'ici l'exercice du droit de propriété est bien près de l'abus et il ne serait pas difficile d'en citer maints exemples. Que de fois n'a-t-on pas vu les riverains opposés d'un cours d'eau élever à l'envi digue contre digue et engager entre eux une lutte féconde en désastres ! Ces digues construites souvent en dépit des règles de l'art, ou mal défendues, cédant tout-à-coup contre l'action des eaux accumulées, provoquaient des sinistres bien plus terribles que ceux que l'on pouvait attendre de l'inondation abandonnée à elle-même.

D'autre part l'autorité de l'arrêt de la cour d'Aix, cité ci-dessus, est fort contestable ; on lui reproche avec raison de reposer sur une fausse interprétation d'un texte du droit romain. Il s'agit dans ce texte d'un particulier qui avait élevé une digue contre des eaux qui profitaient au propriétaire inférieur. Celui-ci se plaignit de cet ouvrage qui empêchait son terrain d'être irrigué, mais son action fut repoussée par ce motif que l'action *aquæ pluviæ arcendæ* qui est devenue l'art. 640 de notre code, ne s'applique qu'aux eaux qui peuvent nuire et non à celles qui sont utiles. En d'autres termes, le jurisconsulte romain décidait que le propriétaire inférieur n'avait pas un droit ab-solu à recevoir les eaux dont il s'agit dès l'instant que le propriétaire supérieur jugeait à propos de les repousser parce qu'elles lui étaient nuisibles.

Proudhon accorde bien au propriétaire le droit de faire une digue pour défendre son champ mais à la condition de ne pas nuire à autrui [1]. Cette restriction enlève à l'opinion du savant jurisconsulte toute l'importance qu'elle semble avoir au premier abord pour corroborer le système des partisans du droit de défense. Je l'ai déjà dit : il est rare, pour ne pas dire impossible, que des ouvrages de cette espèce ne causent pas un préjudice énorme aux voisins : dès lors, suivant Proudhon, les auteurs de ces ouvrages seraient responsables du tort qu'ils occasionneraient.

Dans un autre endroit [2] Proudhon reconnaît que l'art. 640 s'applique aux eaux de toute espèce et il ne distingue pas celles qui ont un cours réglé de celles qui n'en auraient pas. Il déclare aussi qu'il est défendu aux propriétaires supérieur et inférieur d'intervertir ou de troubler sans cause légitime l'ordre de la nature sur l'écoulement des eaux.

Lorsqu'on lit avec attention le texte de l'art. 640, on ne voit pas sur quoi l'on pourrait se fonder pour exclure de l'application de cet article les eaux d'inondation. Ces eaux ne découlent-elles pas *naturellement* des fonds supérieurs sur les fonds inférieurs ? Pourrait-on soutenir que cet écoulement est un cas exceptionnel ? Il n'en est rien assurément : il s'agit au contraire d'un phénomène tout à fait naturel et

[1] Dom. publ. n° 1228.
[2] Dom. publ. n° 1500 et s.

qui a même une sorte de périodicité. Pourquoi donc, encore une fois, vouloir que le code ne se soit occupé que des eaux pluviales proprement dites qui causent généralement peu de dommages lorsqu'on les retient et qu'il ait fait une exception pour les eaux débordées qui sont précisément celles contre lesquelles on peut faire les *digues* dont parle le 2ᵉ § de l'art. 640?

On objecte le droit de propriété et celui de se défendre. Mais ces droits doivent évidemment être bornés par ceux d'autrui. Leur exercice absolu, illimité, c'est la guerre entre les riverains, c'est l'oppression du faible par le fort, c'est un état de chose plus digne de la barbarie que de la civilisation.

Mais en admettant que l'art. 640 soit ici applicable, toute difficulté n'est pas écartée. Qui réglera les droits respectifs des riverains? Qui déterminera les dimensions, la forme, l'emplacement des digues à construire par chacun d'eux? Cette détermination résultera-t-elle d'un accord préalable ou de l'issue des procès?

Si on se laisse guider par ce qu'exige l'intérêt général aussi bien que les intérêts privés il faut adopter le sentiment des auteurs qui subordonnent l'exercice du droit de défense à l'autorisation du Gouvernement; mais comme cette interprétation n'est pas celle qui paraît consacrée par la majorité des auteurs et par les arrêts, il serait utile que ce point fut, comme tant d'autres de la législation qui nous occupe, déterminé par la loi. Il faudrait que l'action tutélaire et prévoyante de l'administration pût s'exercer dans la zone des vallées sujettes aux inondations. La loi devrait défendre d'y élever aucun ouvrage d'art, aucune digue susceptible d'exercer une action directe ou indirecte sur l'écoulement des eaux sans que l'autorité n'ait été avertie et dans tous les cas l'érection de semblables ouvrages devrait être soumise à l'obligation d'une autorisation préalable qui ne serait accordée qu'après une enquête sévère et minutieuse sur la nature, le but et les effets probables des travaux projetés. Cette loi devrait s'appliquer à tous les cours d'eau.

§ 4.

DE L'USAGE DES EAUX.

46. L'eau courante, en tant qu'élément destiné à satisfaire aux premiers besoins de la vie, est à la disposition de tout le monde. Cette vérité qui n'a d'ailleurs jamais été contestée sérieusement est exprimée d'une manière très-heureuse dans ces vers qu'Ovide met dans la bouche de Latone, em-

pêchée, par une troupe de paysans barbares, de se désaltérer dans les eaux d'un lac :

Usus communis aquarum :
Nec Solem proprium natura, nec area fecit,
Nec tenues undas : ad munera publica veni [1].

Quiconque peut avoir accès à un cours d'eau a donc le droit d'y puiser l'eau nécessaire à ses besoins. Il va de soi qu'il ne peut être ici question de l'établissement d'un engin ou d'une machine quelconque destinée à élever les eaux et à les absorber d'une manière continue, mais qu'il s'agit simplement du puisage qui s'opère avec un seau, une écuelle, etc.

Y a-t-il une distinction à faire, à ce point de vue, entre les diverses espèces de cours d'eau ? Nullement : que le cours d'eau soit naturel, ou creusé de main d'homme, qu'il s'agisse d'un ruisseau, d'un fleuve ou d'un canal, ce droit existe au même dégré sur chacun d'eux et pour tout individu qui peut y avoir accès. Les réglements de police prohibent, il est vrai, toute entreprise sur les bords de ces cours d'eau : ils défendent d'y faire aucun ouvrage sans une autorisation préalable ; mais ces défenses n'atteignent pas le droit de puisage qui reste libre. C'est une faculté de droit naturel qui ne tombe sous l'application d'aucun réglement aussi longtemps qu'il s'exerce par les moyens que je viens d'indiquer.

47. L'usage de l'eau pour l'alimentation des centres de population est une chose de si grande importance que le code civil a établi en leur faveur une restriction au droit de propriété.

Elle est exprimée dans l'article suivant du code civil :

« Article 643. Le propriétaire d'une source ne peut en changer le cours lorsqu'il fournit aux habitants d'une commune, village ou hameau l'eau qui leur est nécessaire ; mais si les habitants n'en ont pas acquis ou prescrit l'usage, le propriétaire peut réclamer une indemnité, laquelle est réglée par experts. »

48. La jurisprudence a reconnu que ce droit, que l'article 643 donne aux habitants d'une commune, d'un village, etc., sur les eaux d'une source pour la satisfaction des usages domestiques, peut même s'exercer sur les eaux d'un ruisseau lorsqu'elles leur sont nécessaires. La cour de Nancy a décidé que les propriétaires riverains d'un tel ruisseau ne peuvent s'en servir que lorsque les besoins de la commune sont satisfaits [1]. La cour de cassation de France a aussi jugé que le propriétaire des fonds traversés par un ruisseau ne peut en changer le cours au préjudice des habitants d'une commune et qu'il n'a pas même le droit de supprimer un obstacle dont la présence dans le cours d'eau a pour effet de faire dériver une partie de celui-ci dans un abreuvoir communal [2].

49. Mais l'article 643 ne peut recevoir d'application lorsqu'il s'agit de sources coulant à l'intérieur de la terre. Ainsi le propriétaire qui, en pratiquant des fouilles sur son fonds, viendrait à couper des veines ou filets d'eau et à faire tarir une fontaine communale située dans un autre fonds, serait à

---

[1] Ovide. Metam. lib. VI. Sect. 8.

[1] Nancy, 29 avril 1842. J. P. 1843. 1. 96.
[2] Cass. F. 15 janv. 1849. S. 1849, 1, 529.

l'abri de toute action qu'on voudrait lui intenter de ce chef. Il ne pourrait être empêché de faire ces fouilles que pour autant qu'il existât contre lui, en ce qui concerne ses droits de propriétaire , des titres ou possessions contraires [1].

Proudhon [2], se fondant sur les exigences de l'utilité publique et communale, soutient l'opinion contraire. Mais ce jurisconsulte a évidemment donné à l'article 643 une extension qu'il ne comporte pas. Cet article ne parle que des sources jaillissant à la surface : c'est pour elles seules qu'il a admis une restriction au droit de propriété ; on ne serait nullement fondé à l'étendre arbitrairement à l'usage des eaux souterraines de manière à priver un propriétaire du droit de percer chez lui des puits, des galeries. Au surplus nous devons reconnaître que la loi renferme à cet égard une lacune dont je parlerai plus amplement ci-après en traitant des eaux souterraines.

50. J'ai dit plus haut qu'il n'y a aucune distinction à faire, relativement au droit d'abreuvage, entre les diverses espèces de cours d'eau. La cour de cassation de France a même admis que ce droit peut s'exercer dans un canal ou bief d'usine qui est une propriété privée, dès l'instant que l'exercice de ce droit ne porte aucun préjudice à l'usine [3]. M. Bertin combat la doctrine de cet arrêt et prétend y voir la violation du droit de propriété.

Je ne saurais partager la manière de voir de ce jurisconsulte. Il n'est nullement question ici de l'application de l'article 644 du code civil. Il est certain que, lorsqu'il s'agit d'un bief d'usine, cet article n'est pas applicable et qu'on ne pourrait faire dans un tel bief des prises d'eau ou d'autres travaux destinés à user des eaux ou à les absorber au préjudice de l'usine ou pour l'irrigation. Mais, dans l'espèce rapportée par M. Bertin, il ne s'agit que de l'exercice d'un droit de lavage, de puisage ou d'abreuvage rentrant dans la faculté naturelle que tout homme possède de se servir des eaux à leur passage pour les besoins de la vie, pourvu qu'il ne nuise pas à autrui, et la cour de cassation, dans son arrêt du 13 juin 1827, n'a fait que consacrer les principes établis ci-dessus et qui me semblent incontestables.

L'erreur de M. Bertin provient aussi de ce que ce jurisconsulte a voulu trop accorder au propriétaire d'un canal artificiel creusé pour le roulement d'une usine. S'il est vrai que le sol même de ce canal, ses digues, ses berges, etc., sont présumés appartenir au propriétaire de l'usine, comme accessoire de celle-ci, l'eau courante elle-même ne suit pas la condition du sol sur lequel elle passe. L'usinier a le droit de l'utiliser, mais de même qu'il n'a pas celui de l'absorber et qu'il est obligé de la laisser passer après qu'il s'en est servi, il ne peut non plus interdire à ceux de ses voisins, qui y ont accès, le droit d'en faire usage pour les besoins de la vie et l'on peut même affirmer que leur droit est antérieur et supérieur à celui du propriétaire de l'usine.

La cour de Bruxelles a jugé que

[1] Grenoble, 5 mai 1834. J. P. XXVI. 466. — Cass. F. 15 janv. 1835. J. P. XXVI. 1265 ; 29 nov. 1850. — Pardessus, servit., nos 99 et 205.

[2] Dom. pub., no 1547.

[3] Cass. F. 15 juin 1827. Bertin, code des irrigations, p. 61.

lorsqu'une décision de l'autorité compétente, telle que la Chambre des tonlieux en 1727, avait fait défense aux riverains d'un ruisseau d'y prendre l'eau à l'avenir soit avec des cuvelles, soit de toute autre manière, au préjudice des moulins qui y sont établis, ces riverains ne peuvent plus y faire aucune prise d'eau 1. Mais il s'agissait dans l'espèce d'un particulier qui avait introduit dans le cours d'eau une buse munie d'un robinet pour amener l'eau nécessaire à son jardin : c'était bien réellement une entreprise permanente sur le volume d'eau et non un fait de puisage pour les besoins domestiques : c'était une véritable irrigation quoique sur une petite échelle. Il est donc impossible de se prévaloir de l'arrêt de la cour de Bruxelles pour contester les principes exposés ci-dessus. D'autre part l'autorité compétente a pu jadis, avant la promulgation du code civil, concéder des droits exclusifs sur certains cours d'eau et ces concessions anciennes doivent être respectées. Il faut les considérer comme des exceptions qui n'infirment en rien les règles applicables à la généralité des cours d'eau.

51. J'ai dit que pour pouvoir exercer le droit de puisage et d'abreuvage dans un cours d'eau quelconque, il fallait y avoir accès : cet accès a lieu le plus souvent par des chemins ou sentiers publics. Il peut exister aussi sur des propriétés privées, mais dans ce dernier cas il ne peut s'acquérir que par un titre régulier. Il s'agit en effet d'un droit de passage que la loi range parmi les servitudes discontinues et qui

ne peuvent s'acquérir par prescription.

52. Si l'exercice des droits dont il s'agit demande l'établissement de quelque ouvrage dans le lit ou sur les bords du cours d'eau pour y créer un lavoir, un abreuvoir, etc., l'autorisation administrative est nécessaire. Elle est formellement exigée, pour les rivières navigables et flottables, par les réglements de police et de navigation qui les concernent ; elle résulte, pour les cours d'eau non navigables, des réglements provinciaux qui défendent de faire aucun travail dans le lit ou sur les bords sans y avoir été préalablement autorisé par la députation permanente du conseil provincial ; elle résulte aussi de l'arrêté royal du 28 août 1820 qui, dans son article 2, donne aux autorités locales la faculté d'accorder des autorisations ou permissions de construire des seuils, lavoirs et autres travaux de peu d'importance sur les cours d'eau non navigables ni flottables.

53. Indépendamment de leur emploi pour les besoins domestiques, les eaux peuvent fournir à deux usages importants. Elles servent à l'agriculture lorsque, dirigées à la surface du sol suivant les règles de l'irrigation, elles répandent sur des terrains, qui sans elles seraient souvent improductifs, une humidité bienfaisante et une heureuse fécondité. Ensuite leur pente crée pour l'industrie une force motrice qui sert à activer des moulins et des usines. Nous aurons donc à nous occuper successivement de l'emploi des eaux pour l'agriculture et pour l'industrie.

54. Cet emploi ne présente guère de difficultés et ne soulève aucune question très-importante lorsqu'il s'a-

---

1 Brux., 19 avril 1821. Pas. 2me s., t. IV, p. 361.

git d'une source que l'article 641 du code civil considère comme la propriété de celui dans le fonds duquel elle prend naissance. Aux termes de cet article le propriétaire du fonds peut user à volonté de la source sauf le droit que le propriétaire du fonds inférieur pourrait avoir acquis par titre ou par prescription ; et l'article 642 ajoute que la prescription dans ce cas ne peut s'acquérir que par une jouissance non interrompue pendant l'espace de trente années, à compter du moment où le propriétaire du fonds inférieur a fait et terminé des ouvrages apparents destinés à faciliter la chute et le cours de l'eau dans sa propriété.

Il faut remarquer d'abord que ces mots *user à sa volonté*, qu'emploie le code, excluent toute idée d'autorisation préalable et ne permettent pas à l'administration de réglementer, dans ce cas, soit le droit d'irrigation, soit l'établissement d'une usine; le droit du propriétaire de la source ne peut donc être modifié que par celui du propriétaire du fonds inférieur qui invoquerait soit un titre, soit la prescription.

Pour pouvoir acquérir par prescription un droit à l'usage de la source, le code exige que le propriétaire inférieur ait fait et terminé depuis au moins trente années des ouvrages apparents destinés à faciliter la chute de l'eau dans sa propriété, mais il ne dit pas sur quel fonds ces travaux doivent être établis, si c'est sur le fonds du propriétaire de la source ou sur le fonds inférieur.

On serait tenté de croire que ces travaux doivent être faits sur le fonds supérieur, d'après cette remarque, que c'est seulement des travaux faits sur ce fonds, que l'on peut induire un con-

sentement tacite de la part du propriétaire supérieur. On pourrait dire aussi que le propriétaire inférieur ayant toujours la faculté de faire chez lui des ouvrages auxquels le propriétaire de la source n'a aucun droit de s'opposer, il serait contre les principes d'admettre que l'on pût opposer à ce dernier la prescription lorsqu'il ignore que l'on prescrit contre lui, ou lorsque, le sachant, il ne peut l'empêcher. Un arrêt de la cour de cassation de France paraît consacrer cette interprétation de l'article 642 [1]. Cependant l'étude des discussions auxquelles sa rédaction a donné lieu dans la section de législation du Tribunat et la lecture de l'exposé de motifs fait par M. Berlier, orateur du Gouvernement, dans la séance du Corps législatif du 29 pluviôse an XII [2], doivent la faire rejeter. Il faut admettre qu'il n'est pas rigoureusement nécessaire, pour acquérir un droit aux eaux de la source, que le propriétaire inférieur ait fait des ouvrages apparents sur le fonds du propriétaire de cette source. Si, pendant plus de trente ans, celui-ci a laissé aux eaux un cours dont le propriétaire inférieur a profité pour faire des travaux *apparents* dans la vue d'user de ces eaux et si celui-ci a acquis la possession trentenaire, cette possession, ainsi caractérisée, doit sembler suffisante pour établir les droits de son héritage. « Dans cette espèce, les rôles changent, dit M. Berlier [3], et c'est l'héritage supérieur qui est assujetti envers l'héritage inférieur à respecter une possession, qui, accompagnée

---

[1] Cas. F. 25 août 1812. — Garnier, lég. des eaux, tom. II, p. 47.

[2] Locré, Lég. civile, commerc., etc., de la France, t. VIII, p. 334 et suiv., 364 et suiv.

[3] Exposé des motifs ci-dessus.

d'actes patents et spéciaux, peut être considérée comme la suite d'arrangements passés entre les deux propriétaires ou leurs auteurs. »

Ce n'est que dans l'héritage même où la source prend naissance que le propriétaire peut en disposer comme il le juge convenable. Ainsi le propriétaire de deux héritages, dans l'un desquels se trouve une source, ne pourrait user des eaux dans l'héritage inférieur de la même manière que dans celui où naît la source si les deux héritages étaient séparés par un chemin public ; il n'aurait dans le second héritage que les droits d'un simple riverain.

L'article 645 du code qui accorde aux juges, en cas de contestation sur l'usage des eaux, une sorte de pouvoir discrétionnaire pour concilier les intérêts de l'agriculture avec le respect dû à la propriété, ne s'applique qu'au cas où il s'agit d'eaux courantes et non lorsqu'il s'agit d'une source. Ainsi, lors même qu'il serait constaté que le propriétaire du fonds inférieur n'a aucun intérêt à retenir les eaux de cette source dans son fonds, les juges ne pourraient le condamner à les laisser couler sur le fonds inférieur si le propriétaire de celui-ci n'en a acquis l'usage par titre ou par prescription [1].

55. Les eaux des rivières navigables et flottables et des canaux peuvent servir soit à l'irrigation, soit à faire mouvoir des moulins et usines. Mais leur emploi à cet usage, étant tout-à-fait en dehors du but pour lequel ces voies existent, est essentiellement précaire. Cette règle est une conséquence nécessaire du principe qui veut que ces rivières et canaux soient imprescriptibles et inaliénables. Je vais exposer en peu de mots tout ce qui concerne l'exercice de l'irrigation et l'établissement des usines sur cette catégorie de cours d'eau.

Aux termes de l'article 4 du titre Ier du décret du 28 septembre-6 octobre 1791, tout riverain pouvait, en vertu du droit commun, faire sur les rivières navigables, des prises d'eau, sans néanmoins en détourner ni embarrasser le cours d'une manière nuisible au bien général et à la navigation établie.

Cette disposition fut abrogée par l'ordonnance de 1669, publiée dans notre pays par arrêté des représentants du peuple du 5 déc. 1795. Cette ordonnance porte :

« Art. 44. Défendons à toutes personnes de détourner l'eau des rivières navigables et flottables ou d'en affaiblir et altérer le cours par tranchées, fossés et canaux, à peine contre les contrevenants d'être punis comme usurpateurs, et les choses réparées à leurs dépens. »

Peu de temps après, un arrêté du Directoire exécutif du 19 ventôse an VI, enjoignit, dans son article 10, aux administrations centrales et municipales de veiller à ce que « nul ne détourne le cours des eaux des rivières et canaux navigables ou flottables et n'y fasse des prises d'eau ou saignées pour l'irrigation des terres qu'après y avoir été autorisé par l'administration centrale et sans pouvoir excéder le niveau qui aura été déterminé. »

56. L'administration centrale, dont parle l'article 10 de l'arrêté de ventôse an VI, ayant été remplacée par la députation permanente, c'est à celle-ci

<hr>

[1] Cas. F. 29 janv. 1840. J. P. 1841. 1. 511.

qu'il appartient aujourd'hui de délivrer l'autorisation de pratiquer une prise d'eau pour l'irrigation à une rivière navigable ou à un canal appartenant à l'Etat. Cette autorisation détermine ce qui concerne :

1°. Les travaux qui devront être faits pour pratiquer cette prise d'eau et au besoin pour ramener les eaux dérivées à la rivière ou au canal ; les dimensions des rigoles à établir, leur direction, etc.

2°. L'établissement et l'usage du nombre de vannes nécessaires, leur position, la hauteur de leurs seuils, etc.

3°. La manœuvre et la garde de ces vannes.

4°. L'obligation, pour l'impétrant ou ceux qui le représentent, de se conformer aux réglements à intervenir relativement à la navigation.

5°. L'entretien des ouvrages, qui doit rester perpétuellement à sa charge.

6°. L'obligation, pour l'impétrant, de réparer à ses frais les dégradations qui surviendraient au canal ou à la rivière par suite de l'établissement des ouvrages autorisés.

7°. La constatation de l'état des lieux après l'achèvement des travaux par un fonctionnaire des ponts-et-chaussées. Le procès-verbal de l'état des lieux doit être rédigé en triple expédition dont une pour le département des travaux publics et les deux autres pour les archives des administrations provinciale et communale. La position des ouvrages doit être rapportée à un point de repère fixe.

8°. La démolition et la suppression sans indemnité des ouvrages construits si l'utilité publique l'exigeait.

9°. L'obligation de souffrir, sans indemnité, les manœuvres d'eau sur la rivière ou le canal, les chômages pour la réparation des biefs, les travaux de curage, etc.

10°. Le droit de la part du Gouvernement d'imposer par la suite de nouvelles conditions si elles étaient jugées nécessaires.

11°. Le droit pour le Gouvernement de révoquer l'autorisation et de faire remettre les lieux dans leur état primitif aux frais de l'impétrant si celui-ci ne se conformait pas aux conditions de l'autorisation ou venait à changer l'état des lieux sans autorisation préalable.

Les frais de l'instruction de la demande et des actes administratifs à intervenir sont à la charge de l'impétrant.

Les demandes d'autorisation de prise d'eau dans une rivière ou canal navigable doivent, aux termes de l'arrêté du Gouvernement provisoire en date du 16 novembre 1830, être instruites par l'administration des ponts-et-chaussées.

57. Un arrêté royal du 9 novembre 1847 est venu apporter une dérogation à cette règle en ce qui concerne les autorisations de prises d'eau aux canaux et aux cours d'eau navigables de la Campine. Cet arrêté a autorisé le Ministre de l'Intérieur à statuer sur les demandes qui auraient pour objet ces prises d'eau.

Par un arrêté royal du 13 mai 1854 le Gouvernement a repris la manœuvre de toutes les écluses.

Aujourd'hui tout ce qui concerne la police des irrigations faites au moyen de prises d'eau pratiquées aux canaux et aux cours d'eau navigables et flottables de la Campine, ainsi qu'à leurs dérivations, est réglé par la loi du

20 juin 1855 et par l'arrêté royal du 25 juin suivant.

Voici en peu de mots les principes que consacre la loi du 20 juin 1855.

Le Gouvernement est autorisé à arrêter un réglement de police sur les irrigations.

Ce réglement a pour objet de déterminer, en conformité de la loi et des droits des propriétaires résultant des contrats, tout ce qui concerne la concession, la construction, l'entretien et la manœuvre des prises d'eau, la répartition des eaux d'arrosage entre les propriétaires intéressés ; la construction, l'entretien et le curage des rigoles d'alimentation et d'évacuation, ainsi que des canaux colateurs (art. 1er de la loi).

Les contrats dont il s'agit sont les actes en vertu desquels le Gouvernement a concédé certains terrains le long des canaux de la Campine avec la faculté de faire des prises d'eau pour les irriguer.

Un membre de la Chambre eût voulu que la loi contînt des dispositions directes et spéciales relatives à la répartition des eaux. Il demanda qu'elle prévît un *minimum* et un *maximum* d'eau à distribuer à ceux qui ont entrepris ou qui entreprennent la création des prés dans la Campine. C'était demander l'impossible et méconnaître complètement les motifs qui obligent le législateur à abandonner à la prudence et à la sagesse de l'administration tout ce qui concerne le mode de distribution des eaux et la fixation du volume qui peut être assigné à chaque irrigateur. D'abord la quantité totale d'eau à distribuer ne pouvait être déterminée à priori. Il était également impossible de dire à l'avance ce que

pouvait absorber d'eau un nombre donné d'hectares. La fixation du *maximum* d'eau à distribuer était en outre chose parfaitement inutile, puisque l'administration ne peut avoir aucun motif de ne pas laisser couler toute l'eau qui excède les besoins de la navigation et qu'elle seule est juge de ce maximum. Quant au *minimum* l'expérience seule pouvait le faire connaître ; sauf aux propriétaires qui se croiraient lésés à réclamer devant les tribunaux dans le cas où la quantité d'eau qui leur serait assignée resterait au-dessous de ce qu'ils pensent leur être dû.

Remarquons encore qu'il pouvait se passer de longues années avant que le Gouvernement ne connût bien exactement toute l'étendue de terrain qu'il est possible d'irriguer ; cela dépendait évidemment des demandes qui lui seraient faites. En attendant il est clair que l'administration devait conserver le droit d'augmenter ou de diminuer le volume d'eau à chaque propriétaire suivant les circonstances.

Suivant l'article 2 de la loi, le Gouvernement fait manœuvrer à ses frais les écluses d'irrigation. Il peut aussi abandonner cette manœuvre, jusqu'à révocation, aux propriétaires, à charge par eux d'observer les réglements.

Le régime intérieur des irrigations est libre : c'est-à-dire que chaque concessionnaire peut librement créer des prés ou les modifier et disposer des eaux dans les limites de sa propriété, pourvu qu'il ne les emploie qu'à l'usage déterminé par l'acte de concession et qu'il les rende à leur cours à la sortie de son fonds à l'endroit et au niveau fixés par l'administration (art. 3).

Dans le cours de la discussion, un membre témoigna la crainte que par ces mots *l'usage déterminé par l'acte de concession*, le Gouvernement n'eût les mains liées et ne se trouvât dans l'impossibilité de modifier plus tard le mode d'emploi des eaux dans l'intérêt des irrigateurs eux-mêmes. Il fut répondu que les concessions émanant du ministre de l'intérieur, celui-ci pouvait toujours les modifier en vue de l'intérêt public.

L'article fut adopté sans autre observation.

La construction des prises d'eau, des rigoles d'alimentation et d'écoulement, ainsi que des canaux colateurs établis en vertu d'actes de concession antérieurs à la loi, ne peut être modifiée sans l'autorisation du gouvernement (art. 4).

Les remplois d'eau établis ou prescrits ne peuvent être supprimés sans la même autorisation (ibid).

Le ministre de l'intérieur fit à propos de cet article la déclaration suivante : « Il est bien entendu que les remplois d'eau établis ou prescrits, non-seulement ne peuvent être supprimés sans autorisation, mais qu'ils ne peuvent être changés d'une façon notable; car il est évident que de tels changements équivaudraient à une suppression : la section centrale fait à ce sujet une réserve à laquelle je déclare adhérer, pour que ce soit bien entendu. »

« On consacre la liberté du régime intérieur des irrigations et l'on permet par conséquent un changement peu important qu'un propriétaire ferait à son remploi d'eau; mais du moment que ces remplois d'eau deviendraient assez importants pour équivaloir à une suppression, ils sont tout aussi interdits que la suppression même. »

Les travaux nécessaires pour préparer un terrain à l'irrigation, ensuite d'une concession de l'État, ne peuvent être entrepris qu'après que le gouvernement a réglé, les propriétaires entendus, ce qui est relatif, d'une part, à la construction des prises d'eau, des rigoles d'alimentation et d'évacuation, ainsi que des colateurs, et d'autre part, aux remplois d'eau que les terrains comportent (art. 5).

Cet article n'est que le corollaire de l'article premier de la loi.

Lorsqu'une prise d'eau sert à l'arrosage d'une zone de terrains divisés entre plusieurs propriétaires et irrigués ensuite d'une concession du Gouvernement, le Roi peut, à défaut d'entente et de convention entre les propriétaires, déterminer par un réglement, l'usage des eaux et prescrire la construction et l'entretien des ouvrages qu'il serait utile d'établir dans l'intérêt commun (art. 6).

On voit que la loi prévoit le cas où des terrains, aliénés à l'intervention du Gouvernement, deviendraient, par suite de succession ou d'une division postérieure, la propriété de plusieurs. L'intervention du Gouvernement ne peut avoir lieu qu'autant qu'il n'existe pas de convention entre les propriétaires, car si cette convention existait les tribunaux seraient seuls compétents pour l'interprêter.

En l'absence de toute convention, le Gouvernement pourrait-il encore intervenir si l'un des propriétaires intéressés s'y oppose et réclame l'arbitrage des tribunaux? Je pense que l'affirmative n'est pas douteuse. Le but de la loi a été précisément de permettre au Gouvernement d'employer ici son action paternelle et conciliatrice, pour éviter aux particuliers les frais et les soucis d'une action judiciaire.

L'application de l'article dont il s'agit peut donner lieu à certaines dépenses et comme le Gouvernement n'a pas de fonds à sa disposition pour faire les avances nécessaires au payement des ouvrages qu'il prescrit il va de soi que le réglement pourra ordonner des versements préalables à faire par les intéressés. Ce prélèvement doit avoir lieu suivant les principes énoncés dans l'article 22 de la loi dont je parlerai plus tard.

Suivant l'art. 7 le Gouvernement peut disposer en tout temps des eaux qui ont servi à l'irrigation de terrains arrosés en vertu de son autorisation.

Il peut, après avoir entendu les propriétaires, employer les rigoles d'alimentation et d'évacuation de ces terrains, ainsi que les colateurs afin d'opérer d'autres irrigations, pourvu qu'il n'en résulte aucun préjudice pour les concessionnaires primitifs, quant à l'arrosage de leurs propriétés, et qu'il ne soit apporté aucune entrave à l'écoulement des eaux ou à l'assèchement des prés.

Le ministre de l'intérieur expliquait ainsi cet article dans le cours de la discussion :

« Les rigoles sont des propriétés particulières sur lesquelles le Gouvernement n'a aucune action; il peut concéder l'usage des eaux, mais il ne peut pas concéder les rigoles mêmes. »

« Le Gouvernement n'a plus le droit d'employer les rigoles des concessionnaires du fonds supérieur; elles ont été vendues à ces premiers concessionnaires. Le Gouvernement ne peut donc pas en disposer. Ces rigoles constituent une propriété privée. Le Gou-

vernement ne peut disposer que des eaux du canal, il ne peut concéder que l'usage de ces eaux et nullement l'emploi des rigoles elles-mêmes. »

« De leur côté les nouveaux concessionnaires peuvent se servir de ces rigoles et ils doivent aux premiers concessionnaires une indemnité de ce chef s'il y a préjudice causé à ces derniers. »

« Le Gouvernement n'intervient pas dans cette question qui doit se traiter d'un concessionnaire à l'autre. »

« Il reste dans sa sphère; il concède ce qu'il peut concéder, une partie d'eau; mais il ne peut pas concéder l'emploi des rigoles qui ne lui appartiennent pas. Il n'a droit de disposer que des eaux, c'est là seulement ce qu'il peut concéder à un concessionnaire nouveau. »

« Ce concessionnaire donnera, s'il y a lieu, l'indemnité au concessionnaire primitif. »

Lors du vote définitif du projet de loi le ministre ajoutait encore :

« Les dispositions des articles 1, 2, 3, 4, 5, 6, 7 et 9 de la loi du 27 avril 1848 sur les irrigations prévoient tous les cas d'indemnité qui peuvent se présenter de propriétaire à propriétaire et l'art. 11 de la présente loi y renvoie. Or, il ne peut jamais y avoir lieu à indemnité que de la part d'un propriétaire vis-à-vis d'un autre propriétaire, mais jamais de la part de l'Etat qui n'intervient que pour concéder l'usage des eaux dont il s'est toujours réservé l'emploi. »

On voit que le ministre ne s'est préoccupé que d'une chose : de mettre d'une manière absolue le Gouvernement à l'abri de toute action en indemnité, mais il pouvait obtenir ce résultat d'une autre manière. Dans le fait l'art. 7 de la loi n'accorde aucun pouvoir efficace et réel au Gouvernement puisque l'emploi qu'il peut faire des rigoles d'alimentation et d'évacuation des terrains d'un particulier est subordonné à la condition de ne pas porter préjudice à celui-ci. En d'autres termes la loi n'a pas réservé au Gouvernement le droit de se servir des rigoles et de les faire agrandir dans l'intérêt de nouveaux défrichements contre le gré du propriétaire primitif.

Il faut remarquer qu'il y a dans l'article 7 de la loi deux choses bien distinctes : 1° le droit, pour le Gouvernement, de disposer en tout temps des eaux ayant servi à l'irrigation ; 2° le droit d'employer les rigoles des propriétés déjà irriguées. Le premier est absolu : le second est subordonné au bon vouloir des propriétaires de ces rigoles. D'autre part la loi renvoie à celle du 27 avril 1848, sur les irrigations, qui autorise un particulier à faire certains travaux sur le fonds d'autrui pour utiliser *les eaux dont il a le droit de disposer;* les deux lois se complètent ainsi l'une par l'autre. Mais il est fâcheux que l'article 7 de la loi de 1855 n'ait pas reçu une rédaction plus en harmonie avec celle de 1848 et qu'on y ait admis une sorte de contradiction en disant que le Gouvernement peut employer les rigoles d'alimentation, etc., *pourvu qu'il n'en résulte aucun préjudice pour les concessionnaires primitifs, quant à l'arrosage de leurs propriétés.* Qui sera le juge de la question de savoir s'il peut ou non y avoir préjudice ? Les tribunaux ? La loi admettrait donc l'intervention de ceux-ci pour décider si les particuliers pourront faire usage des eaux qui

leur auront été concédées par le Gouvernement.

On eût coupé court à toute difficulté en disant nettement dans la loi que le Gouvernement peut employer les rigoles d'alimentation, etc., afin d'opérer d'autres irrigations, sauf le droit des concessionnaires primitifs de ces rigoles à une indemnité de la part des nouveaux concessionnaires, s'il était porté quelque préjudice à ces rigoles ou à leur arrosage. Cette rédaction est à peu près celle qui avait été d'abord adoptée; elle fut modifiée par amendement du ministre de l'intérieur pour les motifs indiqués ci-dessus.

La loi contient en outre les dispositions suivantes :

Art. 8. La demande de prise d'eau, prévue par le § 2 de l'article 7, accompagnée de l'avis de l'ingénieur-en-chef et d'un plan des ouvrages à établir, sera signifiée au propriétaire des rigoles ou des colateurs, à son domicile réel.

Le délai pour répondre à cette signification sera de deux mois.

En cas de modification à la demande primitive, les mêmes règles seront observées.

Art. 9. Les propriétaires des terrains arrosés au moyens des rigoles, ont un titre de préférence à l'usage des eaux desdites rigoles pour irriguer leurs propriétés limitrophes.

Art. 10. Dans les cas prévus par les articles 7, 8 et 9, le Roi décidera, la députation permanente du Conseil provincial entendue.

Art. 11. Les dispositions des articles 1, 2, 3, 4, 5, 6, 7 et 9, de la loi du 27 avril 1848, sont applicables aux travaux à exécuter par suite des concessions faites en vertu des articles 7, 8 et 9 de la présente loi.

Art. 12. Les concessionnaires sont responsables de tout dommage qui résulte de l'exécution des travaux ou de l'usage de leur concession.

Ils ne peuvent de ce chef exercer aucun recours contre l'Etat.

Art. 13. Le Gouvernement répartit entre les concessionnaires, sauf les cas de force majeure ou de chômage nécessité par l'intérêt public, les eaux qui ne sont pas indispensables à la navigation.

Il résulte de la discussion que le cas de *force majeure* peut se présenter si le Gouvernement venait à avoir besoin du surplus des eaux pour la défense du pays.

Le reste de la loi concerne les travaux de curage, d'entretien des rigoles, les mesures de police, l'exécution des travaux prescrits par le Gouvernement, etc. Je ne m'en occuperai pas parce que ces divers objets trouveront mieux leur place dans un travail spécial sur la police des travaux publics et qu'il ne doit être question ici que des principes applicables à l'usage des eaux en général.

58. L'ordonnance de 1669 contient au sujet de l'établissement des moulins et usines sur les cours d'eau navigables et flottables la prohibition suivante :

« Art. 42. Nul, soit propriétaire ou engagiste, ne pourra faire moulins, batardeaux, écluses, gords, pertuis, murs, plants d'arbres, amas de pierres, de terres et de fascines, ni autres édifices ou empêchements nuisibles au cours de l'eau dans les fleuves et rivières navigables et flottables, ni même y jeter aucunes ordures, immondices, ou les amasser sur les quais et rivages à peine d'amende arbitraire. Enjoignons à toutes personnes de les ôter dans trois mois du jour de la publication des présentes ; et si aucuns se trouvent subsister après ce temps, voulons qu'ils soient incessamment ôtés et levés à la diligence de nos procureurs des maîtrises, aux frais et dépens de ceux qui les auront faits et causés (sur peine de cinq cents livres d'amende), tant contre les particuliers que contre le juge et notre procureur qui auront négligé de le faire et de répondre en leur privé nom des dommages et intérêts. »

« Art. 43. Ceux qui ont fait bâtir des moulins, écluses, vannes, gords et autres édifices, dans l'étendue des fleuves et rivières navigables et flottables, sans en avoir obtenu la permission de nous ou de nos prédécesseurs, seront tenus de les démolir, sinon le seront à leurs frais et dépens. »

Et l'arrêté du 19 ventose, an 6, porte :

« Art. 9. Il est enjoint aux administrations centrales et municipales et aux commissaires du Directoire exécutif établis près d'elles, de veiller avec la plus sévère exactitude, à ce qu'il ne soit établi, par la suite, aucun pont, aucune chaussée permanente ou mobile, aucune écluse ou usine, aucun batardeau, moulin, digue, ou autre obstacle quelconque au libre cours des eaux dans les rivières navigables et flottables, dans les canaux d'irrigation ou de desséchements généraux, sans en avoir préalablement obtenu la permission de l'administration centrale, qui ne pourra l'accorder que de l'autorisation expresse du Directoire exécutif. »

59. Une instruction ministérielle du 19 thermidor an 6 a réglé les détails de la marche administrative qui doit être suivie pour délivrer les autorisations dont il s'agit dans l'art. 9 du décret de ventose an 6. Suivant cette instruction, à laquelle il n'a guère été apporté d'autres changements que ceux résultant des modifications introduites dans les attributions des diverses branches du pouvoir exécutif, toute personne qui désire former un établissement de la nature de ceux mentionnés dans cet article 9 doit adresser, sur timbre, sa demande motivée et circonstanciée, accompagnée du plan des lieux et des ouvrages à établir, au Gouverneur de la province; celui-ci la renvoye à l'administration communale du lieu qui fait procéder à une enquête *de commodo et incommodo*. A cet effet celle-ci fait afficher, pendant 20 jours, la pétition à la porte principale du lieu de ses séances, avec invitation aux citoyens qui auraient des observations à proposer de les faire au secrétariat de la commune pendant ce délai ou au plus tard dans les trois jours qui en suivront l'expiration.

Il est fait mention dans le procès-verbal de l'enquête des faits essentiels à la demande et des motifs des oppositions formées. La situation des bâtiments, locaux, etc. des opposants relativement à l'établissement projeté est annotée au plan figuratif des lieux et mentionnée au procès-verbal.

Les oppositions qui sont formulées par écrit sont jointes au dossier de l'affaire; elles peuvent être reçues jusqu'au moment de la décision de l'autorité compétente.

Une circulaire du ministre de l'intérieur du 28 septembre 1840 porte que les actes constatant l'accomplissement des informations *de commodo et incommodo* sont exemptes de la formalité du timbre et de l'enregistrement.

D'après la jurisprudence du conseil d'Etat de France les oppositions ne sont soumises à aucune forme particulière; il suffit qu'elles interviennent durant le cours de l'instruction administrative, soit par déclaration sur le procès-verbal d'enquête, par lettre adressée aux fonctionnaires chargés de procéder aux opérations préalables ou par acte extra-judiciaire, pour qu'elles soient examinées [1].

Il a été jugé qu'il suffit de l'intention manifestée par lettre, dans une enquête de commodo et incommodo, de s'opposer au changement du mécanisme d'une usine, pour que, si cette opposition porte atteinte aux droits du propriétaire de l'usine, ce propriétaire soit fondé à poursuivre en justice l'opposant [2].

Après que les formalités d'enquête *de commodo et incommodo* ont été accomplies et que la demande, avec le dossier des pièces qui l'accompagnent, lui a été renvoyée par l'autorité locale, le Gouverneur la soumet à l'administration des ponts et chaussées qui doit à son tour l'examiner et donner son avis, tant au point de vue de la police des eaux en général, qu'à celui des oppositions qui ont été présentées. Nous verrons ci-après n° 78 quel genre d'oppositions peuvent être admises ou rejetées par l'administration.

Lorsque l'usine qu'il s'agit d'établir ou de modifier se trouve comprise dans

[1] Cons. d'Etat 22 janv. 1823 ; 23 mai 1832.
[2] Orléans, 23 août 1845.

la zone des servitudes militaires la demande doit être en outre adressée au
ministre de la guerre qui a le droit
d'accorder ou de refuser l'autorisation
de faire des travaux dans cette zone.

Lorsque l'usine est située dans le
rayon des douanes, la demande d'autorisation doit être soumise à l'avis du
ministre des finances. Il en est de
même lorsqu'elle doit se trouver à la
distance des forêts de l'Etat, que détermine l'art. 116 du code forestier,
promulgué le 19 décembre 1854, c'est-
à-dire à 250 mètres de leur lisière.

Après l'accomplissement de ces formalités la députation permanente statue
sur la demande : son arrêté est ensuite
transmis au ministre des travaux publics pour être soumis à la sanction
royale.

60. L'arrêté de la députation qui
accorde l'autorisation demandée, soumet celle-ci à diverses conditions :
voici celles qui sont le plus généralement imposées :

1°. La détermination du lieu de
l'emplacement, sa distance du bord
de la rivière, l'alignement à suivre, si
l'on est le long d'une route; mais dans
ce cas la demande doit être soumise au
collége des bourgmestre et échevins
comme en matière d'alignement.

2°. Les dimensions du bief et la
description des travaux à faire pour
son établissement.

3°. La forme, les dimensions et la
hauteur du barrage à établir pour avoir
la chute d'eau requise.

4°. Le nombre, la dimension et la
hauteur des vannes de prise d'eau, le
niveau des seuils, etc.

5°. Le nombre, la dimension et la
hauteur des vannes de décharge, le
niveau des seuils, etc.

6°. Les jours et heures de la manœuvre de chacune d'elles. Cette condition n'est imposée qu'aux usines situées sur des cours d'eau d'un volume
très-faible et où les besoins de la navigation exigent le chômage régulier et
périodique des usines.

7°. L'obligation de faire garder les
vannes de l'usine. Cette condition se
rapporte à la précédente.

8°. Celle d'entretenir les ouvrages
en bon état, ainsi que les berges, talus, etc.

9°. Celle de se conformer aux réglements de navigation existants ou à intervenir.

10°. Celle de souffrir, sans indemnité, toute manœuvre d'eau ou chômage sur la rivière, en cas de travaux
ordonnés ou autorisés par le Gouvernement dans un but d'utilité publique.

11°. L'obligation de faire constater
l'état des lieux avant et après l'exécution des travaux par un ingénieur de
l'Etat qui en dresse procès-verbal en
triple expédition. Les frais de ce procès-verbal sont à la charge de l'usinier.
La position de tous les ouvrages est rapportée à un clou de jauge ou *clawier* fixé
sur un pieu battu dans le lit de la rivière.

12°. Si l'impétrant venait à enfrein-
dre les conditions de l'autorisation ou
à changer les lieux sans autorisation
préalable, le Gouvernement se réserve
de révoquer l'autorisation et de faire
remettre les lieux dans leur état primitif aux frais du particulier 1.

13°. Une clause de démolition et de
suppression des ouvrages sans indemnité si l'utilité publique le requiert.

61. La demande d'autorisation est
nécessaire lorsqu'il s'agit d'augmenter

---

1 Cons. d'Etat 21 juin 1826; cass. F. 31 mai 1845.

les forces motrices d'une usine par des travaux d'art, et même lorsqu'il s'agit de déplacer ou de transporter de l'amont à l'aval le mécanisme, le vannage, le déversoir ou la prise d'eau [1].

On a même décidé que l'addition ou le changement d'une roue nécessite une instruction et une autorisation nouvelle, à l'occasion desquelles les réclamations des tiers peuvent se produire [2].

Mais s'il ne doit résulter aucune innovation des réparations à faire, il n'y a pas lieu à autorisation nouvelle, sauf à l'administration à surveiller l'exécution des travaux [3]. Ainsi tous les travaux qui n'ont d'autre but que la conservation des diverses parties de l'usine dans leur état actuel, doivent être tolérés.

On a demandé si une nouvelle autorisation est nécessaire dans le cas où il s'agirait de reconstruire une usine détruite par l'incendie ou par tout autre accident et les jurisconsultes ont fait à cet égard une distinction : ils ont dit que l'autorisation était nécessaire lorsqu'il s'était écoulé plus de trente années depuis l'accident, parce qu'il y avait alors prescription du droit de concession ; mais que s'il s'était écoulé un moindre temps, il suffisait à l'usinier de reconstruire dans les termes de son autorisation primitive sous la surveillance de l'administration. Le conseil d'Etat de France ne paraît pas avoir admis cette distinction et il a décidé qu'une autorisation nouvelle

était nécessaire pour reconstruire l'usine dans le cas que je viens de supposer : il faut s'en tenir à cette décision. Remarquons en effet qu'en obligeant les particuliers à se munir d'une autorisation préalable, la loi n'a pas voulu seulement réserver à l'administration les moyens de régler et de déterminer l'ouvrage projeté, elle a voulu surtout en faire surveiller l'exécution. Or comment exercer cette surveillance si les travaux sont faits à son inçu ? Il est à remarquer en outre que l'autorisation que l'administration accorde ne la lie pas d'une manière irrévocable et définitive dans les conditions qu'elle a imposées. Il peut se faire que la destruction fortuite de l'usine lui fournisse l'occasion d'apporter à l'autorisation primitive des changements utiles au point de vue des intérêts généraux de la navigation ou de la salubrité publique. Les auteurs qui ont admis la distinction rapportée ci-dessus, ont perdu de vue que les concessions de l'espèce sont de leur nature essentiellement précaires et sujettes à varier suivant les besoins publics ; pourquoi donc, dans le cas qui nous occupe, vouloir soustraire les usiniers à ce contrôle si nécessaire de l'administration ? Il est impossible d'en apporter une bonne raison.

Tout changement qui aurait pour but de modifier la destination de l'usine sans rien changer au cours d'eau ou à la force motrice, peut avoir lieu sans autorisation. Toutefois il est à remarquer que la question de l'établissement des moulins et usines n'est traitée ici qu'au seul point de vue des cours d'eau et non à celui de la police de ces établissements. Il est rare que la création d'une usine ne soit pas

---

[1] Inst. minist. 19 thermidor an VI. — Garnier, t. I, p. 146.

[2] Cons. d'Etat, 27 avril 1838.

[3] Cons. d'Etat, 30 mai 1821. — Cormenin, 5e édit., p. 529.

soumise à une double instruction : celle de l'administration des ponts-et-chaussées d'abord, dont nous venons de nous occuper, et ensuite celle qui a lieu en vertu des arrêtés concernant la police des établissements dangereux, insalubres ou incommodes, ou bien en vertu de la loi du 21 avril 1810 sur les mines.

Enfin les usines établies dans le rayon des forteresses ou dans la ligne des douanes sont encore soumises à des restrictions que j'exposerai brièvement en parlant des servitudes militaires.

62. Il est donc de principe que les autorisations d'établir des moulins et usines sur les cours d'eau navigables et flottables ne sont jamais que des concessions temporaires et essentiellement révocables. Aussi la loi du 16 septembre 1807 a statué :

« Art. 48. Lorsque, pour exécuter un défrichement, l'ouverture d'une nouvelle navigation, un pont, il sera question de supprimer des moulins et autres usines, de les déplacer, modifier, ou de réduire l'élévation de leurs eaux. Il sera d'abord examiné si l'établissement des moulins et usines est légal, ou si le titre d'établissement ne soumet pas les propriétaires à voir démolir leurs établissements sans indemnité, si l'utilité publique le requiert. »

Cette clause de démolition sans indemnité dans le cas d'utilité publique peut paraître excessive au premier abord. Mais il faut observer avec M. Husson [1] « que les concessions faites sur les cours d'eau du domaine public, bien qu'octroyées à titre onéreux, constituent de grands avantages pour qui

les obtient ; c'est à ceux qui les recueillent, à calculer les chances de l'avenir et à les supporter. Les sacrifices que l'administration peut demander aux usines placées dans le cas d'une suppression obligatoire, ne sont jamais ni assez fréquents ni assez collectifs, pour porter atteinte à l'industrie, et dès lors ils n'ont plus qu'un caractère individuel, qui doit le céder aux motifs puissants d'intérêt public, évoqués par l'administration. »

Remarquons encore que suivant la jurisprudence du conseil d'Etat de France lorsqu'il s'agit d'augmenter par des travaux d'art les forces motrices d'une usine déjà existante la clause de suppression sans indemnité est seulement applicable à l'augmentation de valeur résultant de l'autorisation, lorsqu'il s'agit d'une usine ancienne légalement établie, car la condition ne doit pas s'étendre au-delà de ce qui en est l'objet, et laisse intacts les droits de propriété et d'indemnités antérieurs [1].

La loi de 1807 porte qu'il sera d'abord examiné si le titre d'établissement ne soumet pas les propriétaires à voir démolir leurs établissements sans indemnité en cas d'utilité publique. On a soulevé la question de savoir s'il était indispensable que cette clause de démolition sans indemnité fut exprimée dans l'arrêté de concession, ou plutôt si elle n'était pas de droit et toujours sous-entendue.

L'affirmative n'est pas douteuse pour toutes les autorisations accordées depuis l'introduction des lois françaises dans notre pays en 1795. Elle est d'ailleurs une conséquence nécessaire

[1] Législation des travaux publics, tom. 2, p. 217.

[1] Cons. d'Etat, 26 nov. 1846.

de l'imprescriptibilité et de l'inaliéna-bilité du domaine public.

C'est dans ce sens que notre cour de cassation a décidé que l'autorisation de construire une usine sur une rivière navigable où ses dérivations ne con-fère pas un *droit* irrévocable d'usage sur ces eaux, encore bien que l'acte d'autorisation ne contienne pas la réserve de pouvoir supprimer l'établis-sement, si l'utilité publique l'exige ; et que le droit dérivant de l'autori-sation d'établir une semblable usine, n'est vis-à-vis de l'Etat, susceptible que d'une possession précaire. En conséquence le propriétaire ne peut, à défaut d'une juste et préalable in-demnité, s'opposer à ces travaux par *voie de complainte* 1.

En France on ne considère comme ayant une existence légale que les usines dont l'existence remonte à une époque antérieure à l'ordonnance de 1566 sur les grands domaines qui éta-blit pour la première fois d'une ma-nière formelle leur inaliénabilité.

Dans notre pays toute concession de moulins ou d'usines faite sur une rivière navigable ne pouvait être consi-dérée comme emportant l'inaliénabilité d'un droit sur cette rivière que pour autant qu'elle eut reçu la sanction des trois états 2.

63. Nous avons vu (n° 54) que l'em-ploi des eaux, lorsqu'il s'agit d'une source ou lorsqu'on veut utiliser les cours d'eau navigables et flottables, ne donne lieu à aucune difficulté sérieuse. Les eaux d'une source appartiennent à celui du fonds duquel elles jaillissent ;

aussi, point de concession de la part de l'autorité ; point de partage, à moins que le propriétaire de la source n'y consente ; point de contestations non plus sur l'usage de ces eaux, à moins que ce ne soient des contestations d'in-térêt privé qui surgissent rarement entre plus de deux particuliers et aux-quelles l'administration doit rester complètement étrangère. C'est pour-quoi j'aurais laissé de côté ce qui con-cerne l'usage des sources, s'il ne m'avait paru qu'il était utile d'en dire un mot pour compléter les notions qui se rattachent à l'usage des eaux en général. Quant aux eaux que la loi range d'une manière expresse dans le domaine public, leur emploi pour l'a-griculture et pour l'industrie est tou-jours un objet très-secondaire, subor-donné à un grand intérêt qui domine tous les autres, celui de la navigation ; aussi les difficultés que l'administra-tion rencontre lorsqu'il s'agit de l'em-ploi de ces eaux par les particuliers ne sont jamais nombreuses ni insolubles.

Il est loin d'en être ainsi pour les cours d'eau non navigables ni flotta-bles ; tout, en ce qui les concerne, est incertitude et matière à contestation ; et quoiqu'on ait beaucoup écrit et dis-cuté sur cet objet, il n'en est pas qui divise aussi fréquemment l'autorité administrative et les tribunaux et qui ait donné lieu à autant d'arrêts divers et de décisions contradictoires.

64. J'ai fait remarquer que lorsqu'il s'agit des rivières navigables et flotta-bles l'emploi des eaux pour l'agricul-ture et pour l'industrie est toujours un objet secondaire : il n'en est pas ainsi pour les cours d'eau non navigables ni flottables. La destination essentielle de ces derniers est de fournir, d'une

---

1 Cass. B. 14 nov. 1844. D. J. VI, 505.

2 V. la joyeuse entrée du 24 novembre 1599 et du 1er avril 1663.

manière permanente, pour l'établissement des usines et pour l'irrigation, un agent que les grands cours d'eau ne procurent que précairement.

Il est vrai que les petits cours d'eau servent à en alimenter de plus grands et que souvent on les réunit sur un même point pour créer des canaux de navigation dont ils deviennent ainsi l'accessoire. Mais bien que cet usage soit réclamé par l'intérêt général, il n'est pas exercé au mépris des droits que l'agriculture et l'industrie exerçaient d'avance sur ces cours d'eau. Il reste certain que s'ils servent quelquefois à établir ou à entretenir des voies navigables, leur destination primitive et providentielle est celle dont je viens de parler.

Avant d'aborder la solution des difficultés qui se présentent lorsqu'il s'agit de l'emploi des eaux des cours d'eau non navigables ni flottables pour l'industrie et l'agriculture, nous avons à résoudre une question générale qui se pose ainsi : quels sont ceux qui, dans l'état actuel de la législation, ont le droit de profiter des eaux?

65. Avant 1790 les seigneurs hauts justiciers ou le souverain lui-même disposaient de tous les droits utiles sur les eaux. Les lois de la révolution ont aboli cet état de choses et le code civil a attribué aux riverains l'usage des eaux en statuant dans son article 644 que celui dont la propriété est bordée ou traversée par une eau courante, autre que celle qui est expressément rangée dans le Domaine public, a le droit d'en user ou de s'en servir.

La première condition pour user des eaux est donc d'être *riverain*, et la jurisprudence n'a reconnu cette qualité qu'à ceux dont l'héritage touche immédiatement au cours d'eau. Il a été jugé en ce sens que celui, dont la propriété est séparée d'un cours d'eau par un chemin public, ne peut être considéré comme riverain [1], non plus que celui dont l'héritage est séparé des eaux par un ouvrage public, tel qu'une digue [2].

Ainsi encore, lorsqu'un cours d'eau a son lit au milieu d'un chemin public mais sans se répandre dans toute sa largeur, les propriétaires riverains de ce chemin, ne le sont pas du cours d'eau et ne peuvent par conséquent en revendiquer l'usage [3].

Enfin la cour de cassation de France a décidé que lorsqu'une rivière non navigable a changé de cours les anciens riverains, qui ne sont pas riverains du cours actuel, n'ont pas conservé le droit d'y prendre de l'eau [4].

Mais des propriétaires riverains peuvent laisser prescrire leurs droits : un propriétaire non riverain peut acquérir par prescription le droit de dériver les eaux d'un cours d'eau dans un canal fait de main d'homme, au moyen de travaux apparents, lorsque les intéressés, mis en demeure par cette construction, ont laissé passer plus de trente ans sans s'opposer à la prise et à la conduite des eaux dans les propriétés non riveraines [5].

Au surplus la disposition du code n'a pas été entendue dans ce sens exclusif que l'usage des eaux doive être perpétuellement restreint aux parcelles

[1] Bordeaux 26 nov. 1852.
[2] Cass. 17 juillet 1844. J. P. 1844, 2. 562.
[3] Angers 28 janv. 1847. J. P. 1847. 2. 455.
[4] Cass. F. 11 fév. 1813. J. P. XI. 118.
[5] Cass. F. 26 fév. 1844. J. P. 1843. 1. 470.

de terres actuellement riveraines à l'époque de sa promulgation. La jurisprudence et la doctrine ont admis qu'un propriétaire, dont une eau courante traverse l'héritage, peut faire servir cette eau à l'irrigation d'un terrain acquis postérieurement par lui et joignant la propriété primitive au travers de laquelle coule le ruisseau [1].

Ainsi donc dans l'état actuel de la législation l'usage des eaux appartient aux riverains; mais il importe de savoir comment ils doivent en faire le partage et quelles règles ils peuvent invoquer à cet effet. Je traiterai séparément la question pour l'industrie et pour l'agriculture, puis j'examinerai le cas où elles sont en concurrence.

Occupons-nous d'abord de l'emploi des eaux pour l'industrie.

66. Sous le régime féodal les riverains n'avaient pas le libre usage des eaux : il n'était permis d'y ériger un moulin qu'avec un octroi du souverain ou du seigneur haut justicier. On peut observer cependant que la défense d'ériger un moulin sans concession spéciale n'avait aucun rapport avec la police des eaux. On ne pouvait y voir qu'une revendication de droits seigneuriaux ou bien une mesure fiscale qui s'appliquait à toute espèce de moulins qu'ils fussent ou non établis sur une eau courante.

Au point de vue de la police il y avait une différence très-marquée entre les ruisseaux proprement dits et les petites rivières non navigables. Les ruisseaux échappaient presque toujours à l'autorité du souverain, qui ne déterminait, au moyen de réglements ou d'ordonnances, que le régime de certaines rivières. Ces réglements fixaient les jours d'ouverture des vannes de décharge, leur hauteur et leurs dimensions, le repère des eaux, en un mot toutes les mesures de police propres à prévenir les inondations et à garantir la salubrité publique [1].

Dans le pays de Liége une magistrature spéciale portant le nom de cour des voirs jurés des eaux réglait tout ce qui concerne le régime des usines, la hauteur des seuils, des vannes, la chute, etc.

Cette cour réunissait d'ailleurs deux caractères distincts : elle fonctionnait comme corps administratif destiné à éclaircir les décisions du pouvoir souverain ; puis elle jugeait elle-même en première instance les contestations qui lui étaient soumises.

Tel fut le droit ancien jusqu'à l'abolition des droits féodaux par l'assemblée constituante.

67. La loi-instruction du 12-20 août 1790, confia aux assemblées administratives le devoir «de rechercher et d'indiquer les moyens de procurer le libre cours des eaux; d'empêcher que les prairies ne soient submergées par la trop grande élévation des écluses des moulins et par les autres ouvrages d'art établis sur les rivières ; de diriger enfin autant qu'il sera possible, toutes les eaux de leur territoire vers un but

---

[1] Limoges 9 août 1838. J. P. 1839, 1, 73. — Pardessus. Tr. des servit. n° 107 ; Duranton. Droit civil, t. 5, n° 235 ; Proudhon, Dom. publ., t. 4, n° 1426 ; Daviel n° 587 ; Touillier, t. 5, n° 836 ; Vaudoré. Droit rural, t. 1, n° 386 ; Delvincourt, t. 1, n° 7 ; Bertin. Code des irrigations, n° 70 et 8.

[1] V. les ordonn. des 25 août 1763 et 8 oct. 1766 pour les Nethes ; celles des 20 août 1734, 27 mars 1760 et 7 sept. 1772 pour la Dyle et le Demer au comté de Looz dans mon ouvrage intitulé : *Législation des travaux publics en Belgique*, etc., 3 vol. in 8°.

d'utilité générale, d'après les principes de l'irrigation. »

Puis vint la loi du 28 sept. 6 octobre 1791 qui statua en son titre II art. 16 :

« Les propriétaires ou fermiers des moulins et usines construits ou à construire seront garants de tout dommage que les eaux pourraient causer aux chemins et aux propriétés voisines, par la trop grande élévation du déversoir ou autrement. Ils seront forcés de tenir les eaux à une hauteur qui ne nuise à personne et qui sera fixée par le directoire du département d'après l'avis du directoire de district. En cas de contravention la peine sera une amende qui ne pourra excéder la somme du dédommagement. »

Ces lois n'imposaient pas d'une manière expresse et formelle à tous ceux qui auraient à l'avenir l'intention d'établir un moulin ou une usine l'obligation de se munir d'une autorisation préalable. Cependant la dernière a toujours été interprétée en France dans le sens de la nécessité de cette autorisation et la jurisprudence constante du conseil d'État a établi qu'elle devait être accordée par le gouvernement qui a succédé aux droits des anciens seigneurs sur l'usage et la police des eaux.

Dans notre pays l'interprétation donnée aux lois d'août 1790 et d'octobre 1791 avait laissé des doutes et le roi Guillaume crut devoir les faire cesser en portant l'arrêté du 28 août 1820 qui défend de faire ou de changer à l'avenir aucun moulin, aucune usine ou autres travaux sur un cours d'eau sans une autorisation préalable et qui les soumet sous ce rapport au même régime que les rivières naviga-

bles, et leur rend applicables l'arrêté du 19 ventose an VI et l'instruction du 19 thermidor de la même année, dont j'ai donné ci-dessus l'analyse.

L'arrêté du 28 août 1820 a été appliqué, du moins en ce qui concerne les moulins et usines, sans soulever d'opposition. Plus tard l'arrêté royal du 10 septembre 1830 a attribué aux députations permanentes le droit de délivrer les autorisations d'érection d'usine et les réglements provinciaux sur la police des cours d'eau non navigables, approuvés par le Roi, sont venus confirmer ces prescriptions.

Ainsi donc dans l'état actuel de la législation et de la jurisprudence nul ne peut disposer de la chute des eaux pour l'érection de moulin ou d'usine sans une autorisation préalable de l'administration ; d'où l'on peut conclure qu'un particulier n'a pas le droit de vendre ou de céder une chute ou prise d'eau qui ne lui aurait pas été concédée. Il peut toujours renoncer en faveur d'un ou de plusieurs voisins à la faculté de faire usage des eaux et grever ainsi sa propriété d'une servitude négative ; mais là se borne son droit ; et s'il venait à vendre une chute d'eau qui ne lui aurait pas été concédée, l'administration, saisie plus tard de la demande d'un autre particulier qui voudrait obtenir cette concession, ne serait nullement tenue de respecter les transactions du premier.

68. Les lois de 1790 et 1791, ayant été publiées dans notre pays en 1795 toute usine établie sans autorisation après cette époque, doit être considérée comme n'ayant aucune existence légale.

Dira-t-on que le gouvernement lui-même a reconnu qu'il pouvait y avoir des doutes sur la nécessité de cette autorisation puisqu'il a pris l'arrêté du 28 août 1820?

On peut répondre à cela que l'arrêté de 1820 n'est que déclaratif d'une obligation préexistante pour les particuliers. La légalité de cet arrêté a été vainement contestée et puisqu'un arrêté n'a de force que celle qu'il emprunte à la loi dont il fait l'application, on peut très-bien soutenir que les tribunaux, en proclamant la légalité de l'arrêté de 1820, ont par cela même reconnu l'existence de la loi sur laquelle il s'appuie et sanctionné l'interprétation dont elle a été l'objet de la part de l'administration [1].

A l'égard des usines construites avant 1795, il a été reconnu par la jurisprudence que les lois abolitives de la féodalité n'ont pas porté atteinte aux concessions faites à titre onéreux par les ci-devant seigneurs de la pente des cours d'eau coulant dans leurs seigneuries [2]. Elles n'ont pas aboli non plus les concessions qu'ils avaient pu faire à titre de propriété privée. Ces lois n'ont fait disparaître que les concessions qui étaient un véritable démembrement de la puissance féodale, telles que celle en vertu de laquelle un seigneur aurait concédé à un particulier le droit d'utiliser la force motrice d'un cours d'eau sur toute son étendue jusqu'à son embouchure. Il a été jugé qu'il ne restait d'une telle concession que ce qui pouvait servir à l'usinier pour utiliser les eaux dans la traversée de son héritage [3]. Mais on a été plus loin : on a reconnu en France une existence légale aux usines existant avant 1790, même indépendamment de toute preuve qu'elles auraient été construites par d'anciens seigneurs ou en vertu de leur concession [1]. Dans notre pays la possession immémoriale tenait lieu de titre, de concession ou de privilége et elle pouvait se prouver par témoin [2]. Nous devons admettre la même doctrine qu'en France et reconnaître un caractère légal aux usines dont l'existence remonte à une époque antérieure à 1795 et à l'érection desquelles on ne peut attribuer une date précise, sauf toutefois les réserves que l'on doit toujours faire en ce qui concerne les intérêts généraux et la police.

Pour résoudre la question de savoir si les concessions de chute d'eau que possèdent les particuliers, forment entre leurs mains une propriété incommutable il faut faire une distinction entre les usines qui avaient déjà une existence légale à l'époque de la promulgation du code civil et celles qui ont été concédées postérieurement à celui-ci ; mais cette distinction ne pourra être bien comprise que lorsque j'aurai traité de l'emploi des eaux pour l'irrigation et examiné le cas où l'industrie et l'agriculture réclament concurremment l'usage des eaux.

Ce n'est pas le lieu de faire connaître ici les règles qui doivent guider l'administration dans les concessions qu'elle fait de la chute des eaux.

---

[1] V. mon Essai sur la législation des cours d'eau, mémoire couronné etc. Bruxelles 1853, vol. in-8º.

[2] Cass. F. 23 vent. an X. J. P. 2. 499; 19 juil. 1830, 10 avril 1838. J. P. 1838. 2. 232, 9 août 1843. J. P. 1844. 1. 295.

[3] Bordeaux 13 janv. 1849. J. P. 1851 2. 81.

[1] Pardessus, Servit., nº 94 ; Proudhon, Dom. pub., nº 1165 ; cass. F. 12 fév. 1845. J. P. 1845. 1. 42. Caen 19 août 1837. J. P. 1858. 1. 180 ; 19 janv. 1858. J. P. 1838. 2. 70 ; Dufour, Droit adm., nº 1215.

[2] Stockmans, dec. brabantiæ dec. 88. nº 17 et s.

Ces règles seront exposées ci-après (n°s 77 etc.). Il suffit d'avoir établi qu'elle a le droit de concéder la chute des eaux et que tout emploi de cette chute, qui n'aurait pas été autorisé par elle, est illégal et peut être réprimé comme une contravention.

Abordons maintenant ce qui concerne l'emploi des eaux pour l'irrigation.

69. J'ai dit que sous le régime féodal les seigneurs hauts justiciers et le souverain disposaient de tous les droits utiles sur les eaux. Parmi ces droits il faut ranger celui de faire usage des eaux pour l'irrigation aussi bien que pour les usines.

Cependant il n'existait, au sujet des prises d'eau pour l'irrigation, aucune prohibition de les établir sans un octroi du Prince, semblable à celle qui était portée pour les usines : on n'attachait pas à ces prises d'eau l'importance qu'on leur a attribuée depuis. Il y avait d'ailleurs dans l'étendue des seigneuries des terres d'alleud ou terres libres qui profitaient des eaux pour l'irrigation sans que leurs propriétaires eussent cru devoir en requérir l'autorisation. De ces deux circonstances, de l'absence d'ordonnances ou de réglements qui défendissent d'utiliser les eaux pour l'agriculture sans un octroi du Prince ou du seigneur, et de l'existence des terres d'alleud qui pouvaient profiter librement des eaux, il résulte qu'à l'époque de l'abolition du régime féodal il existait des prises d'eau pour l'irrigation qui formaient dans les mains de ceux qui en jouissaient une propriété incommutable.

Cette conséquence ne peut être niée sous le prétexte qu'il s'agit ici de droits féodaux qui tombent sous l'ap-plication des lois abolitives portées après 1789, car si la doctrine contraire a été sanctionnée par la jurisprudence au sujet des usines, on doit également l'adopter pour ce qui concerne les irrigations.

Aucune loi n'est venue dans l'intervalle de 1790 jusqu'à la promulgation du code civil statuer sur l'emploi des eaux pour l'irrigation. La loi-instructive du 12 août 1790 se borne à dire, ainsi que nous l'avons vu, que les assemblées administratives devront « rechercher et indiquer les moyens de diriger autant que possible toutes les eaux de leur territoire vers un but d'utilité général d'après les principes de l'irrigation. »

70. Le code civil ne s'est pas occupé de l'emploi des eaux pour l'industrie, mais il a statué en ces termes relativement aux droits des riverains à l'usage des eaux pour l'irrigation :

« Art. 644. Celui dont la propriété borde une eau courante, autre que celle qui est déclarée dépendance du Domaine public par l'article 538, peut s'en servir à son passage pour l'irrigation de ses propriétés.

» Celui dont cette eau traverse l'héritage peut même en user dans l'intervalle qu'elle y parcourt, mais à la charge de la rendre à la sortie de ses fonds à son cours ordinaire. »

Quel est le sens de cet article?

On voit que le code distingue deux cas : 1° celui où le cours d'eau ne fait que border la propriété ; 2° celui où il la traverse, de telle sorte que les deux rives appartiennent au même propriétaire. Dans le premier cas il consacre le droit de *se servir* des eaux pour l'irrigation et dans le second cas le droit *d'en user,* c'est-à-dire, suivant l'interprétation des auteurs, de les détourner dans des canaux sous la seule condition de les rendre à leur cours ordinaire après s'en être servi. Mais combien ces expressions sont vagues et que de difficultés elles font naître !

L'article 644 consacre en faveur des riverains un droit de pure faculté qui n'est ni défini, ni limité. Il n'en est pas d'un cours d'eau comme d'une propriété rurale dont la contenance est déterminée et que l'on peut diviser exactement entre ceux qui y ont droit. Chaque riverain a une tendance naturelle à user des eaux d'une manière incompatible avec les droits de ses voisins et quand il s'agit d'irriguer, il s'enquiert ordinairement fort peu de savoir quelle est l'importance du volume d'eau auquel il a droit ; si tout le cours d'eau lui est utile, il n'hésitera pas à l'absorber.

D'autre part les droits de pure faculté ne se perdent pas par le non usage : un riverain pourra donc rester 20, 30, 50 ans sans faire usage des eaux ; pendant ce même intervalle de temps ses voisins auront établi des ouvrages pour profiter des eaux ; si ces ouvrages ont pour effet d'en absorber à peu-près la totalité, que fera ce riverain, s'il veut, à son tour, user des eaux conformément au droit que lui confère l'article 644 ?

Il est impossible d'admettre qu'il ait perdu son droit d'user des eaux par cela seul qu'il n'aurait pas jugé à propos d'en faire usage ; et, d'autre part, il semble peu équitable de ne pas tenir compte à ses voisins, plus diligents, des sacrifices qu'ils ont faits pour utiliser les eaux, des dépenses que leur auront occasionnées la construction de barrages, de vannes, de rigoles, etc., enfin de l'énorme dépréciation que subiraient leurs fonds s'ils venaient à être privés de l'agent fertilisateur qu'ils ont employé depuis un grand nombre d'années.

Pour résoudre ces difficultés, le code s'est borné à poser la prescription suivante :

« Art. 645. S'il s'élève une contestation entre les propriétaires auxquels ces eaux peuvent être utiles, les tribunaux, en prononçant, doivent concilier l'intérêt de l'agriculture avec le respect dû à la propriété ; et dans tous les cas les réglements particuliers et locaux sur le cours et l'usage des eaux doivent être observés. »

Pour apprécier la portée de cet article, il importe de savoir que lors de la première rédaction du code civil, il ne comprenait pas ce dernier membre de phrase : *et dans tous les cas les réglements particuliers et locaux sur le cours et l'usage des eaux doivent être observés.* Je dois expliquer comment cette ajoute a été faite à la première rédaction de l'article 645 et le sens qu'on doit y attacher. Nous verrons en même temps quelle était la première rédaction de l'article 644 et comment elle a été modifiée.

Les articles du chapitre *des servitudes qui dérivent de la situation des lieux* qui traitent de l'usage des eaux, étaient d'abord rédigés ainsi :

« Art. 5. *(Correspondant à l'article 641 du code civil).* Celui qui a une source dans son fonds, peut en user à sa volonté.

Art. 6. *(Correspondant à l'article 644 du code civil).* Celui dont la propriété borde une eau courante, autre que celle qui est déclarée dépendance du Domaine public par l'article **22** du titre *de la distinction des biens*, peut s'en servir à son passage pour l'irrigation de ses propriétés.

Celui dont cette eau traverse l'héritage, peut même, dans l'intervalle qu'elle y parcourt, en user à sa volonté, mais à la charge de la rendre, à la sortie de ses fonds, à son cours ordinaire.

Art. 7. *(Correspondant à l'art. 645 du code civil).* S'il s'élève une contestation entre les propriétaires auxquels ces eaux peuvent être utiles, les tribunaux, en prononçant, doivent concilier l'intérêt de l'agriculture avec le respect dû à la propriété. »

La première rédaction du code consacrait d'une manière absolue le droit du propriétaire de la source. On fit observer qu'il serait injuste de dépouiller les propriétaires des héritages inférieurs qui avaient déjà acquis l'usage des eaux pour l'irrigation de leurs fonds par une possession plus que trentenaire appuyée sur des ouvrages faits dans le but d'utiliser les eaux, et plusieurs membres déposèrent des amendements qui reconnaissaient les droits du propriétaire de l'héritage qui suit immédiatement celui où la source prend naissance. On réclama aussi en faveur des habitants d'une commune ou d'un village qui pouvaient, à l'avenir, avoir besoin des eaux d'une source ou qui en avaient déjà l'usage, et l'on fit valoir qu'il était de l'intérêt public de les leur conserver. Les divers amendements ayant pour but de consacrer les droits des propriétaires inférieurs et ceux des habitants d'une commune, d'un village ou d'un hameau furent admis par le conseil d'Etat et ils devinrent les articles 641, 642 et 643, tels que nous les connaissons.

La rédaction de l'article 6 (art. 644) suscita également de nombreuses observations [1].

[1] Voici comment Locré rapporte la discussion qui eut lieu au sein du Conseil d'Etat dans la séance du 4 brumaire an XII (27 oct. 1803).

M. Pelet dit qu'il est à craindre que l'un des propriétaires supérieurs ne s'empare tellement des eaux, qu'il n'en absorbe l'usage et n'en laisse rien échapper vers les propriétés inférieures.

M. Tronchet répond que cet abus est impossible, parce que, dans le cas de contestation, les tribunaux déterminent la jouissance de chacun, par un réglement qui fixe le temps pendant lequel chaque propriétaire usera des eaux, et même l'heure où il pourra s'en servir.

M. Galli dit que la disposition générale de l'article est utile et juste ; que cependant, pour ne point bouleverser les usages dans le ci-devant Piémont, il est nécessaire de la modifier par une exception.

En effet dans le Piémont, presque tous les terrains sont fécondés à l'aide d'irrigations qui viennent des fonds supérieurs: on les réduirait à être stériles, si ces eaux leur étaient retirées. Mais pour que l'article n'ait, sous ce rapport, aucune conséquence fâcheuse, il suffit d'excepter de son application les eaux acquises à l'irrigation des fonds inférieurs, par titre ou par possession.

M. Treilhard dit que lorsqu'il y a un titre, il prévient toutes les difficultés; s'il n'y a pas de titre qui fasse un propriétaire, quelle autre règle peut-on suivre que celle qui est établie par l'article ?

M. Tronchet dit qu'en effet, dans ce cas, chacun des propriétaires dans le domaine desquels l'eau passe est obligé de la rendre à son cours ordinaire.

M. Galli dit que si le propriétaire supérieur profite des eaux pour des irrigations, elles n'arriveront pas aux propriétés inférieures dans toute la quantité qui leur est due par titre ou par possession.

M. Tronchet dit que quand l'eau passe sur plusieurs héritages, sans que personne en soit propriétaire, l'usage en est déterminé entre tous par un réglement.

M. Bigot-Preameneu dit que le cours des eaux intéressant presque toujours l'utilité publique, il devient aussi souvent l'objet de réglements administratifs différents de ceux que font les tribunaux entre les propriétaires; qu'il conviendrait donc de subordonner la jouissance de ceux-ci aux dispositions de ces sortes de réglements.

Cet article ayant été renvoyé à la section du conseil d'Etat, celle-ci présenta une nouvelle rédaction qui fut discutée dans la séance du conseil du 11 frimaire an XII (3 nov. 1803), et

M. Tronchet dit que ces réglements ne doivent pas être prévus dans le code civil.

Le consul Cambacérès pense qu'on pourrait cependant, au lieu de dire que chacun usera des eaux à sa volonté, spécifier que la jouissance du propriétaire supérieur sera réglée de manière à ne pas nuire à celle du propriétaire inférieur.

M. Galli dit que cette composition est impossible, parce que le propriétaire supérieur ne peut avoir la jouissance des eaux, sans en préjudicier le propriétaire inférieur; cependant ce dernier est le seul qui, par titre ou par possession, ait le droit d'en user dans la totalité qui lui est due.

M. Treilhard observe que l'article ne s'applique pas au cas où il existe un titre de propriété.

M. Galli dit que sa proposition tend à donner à la possession la même force qu'à un titre.

Le consul Cambacérès demande de quelle espèce de possession M. Galli entend parler; si c'est de la possession immémoriale constatée par des constructions.

M. Galli répond qu'il ne demande d'autre exception que celle du titre ou de la possession qu'il a déjà réclamée.

M. Bigot-Preameneu dit que dans la ci-devant Limagne une source d'eau qui coule du haut d'une montagne arrose souvent toutes les propriétés inférieures; mais chacune ne jouit que d'un filet; que c'était par cette raison qu'il avait proposé de subordonner l'application de l'article *à ce qui serait déterminé par des réglements d'administration pour des vues d'utilité publique.*

M. Treilhard observe que cette modification ne satisferait pas M. Galli. Sa proposition n'est pas de réduire à un usage modéré des eaux ceux dont elles traversent les propriétés; mais d'en ôter entièrement la jouissance aux propriétaires supérieurs, pour la donner sans partage aux propriétaires inférieurs, parce que leur héritage ne se compose que de prairies.

Le consul Cambacérès dit que cependant pour ne pas scinder la proposition de M. Galli, il faut ajouter qu'il ne réserve les eaux aux propriétaires inférieurs que lorsqu'une possession centenaire prouvée par des constructions qu'ils ont faites et par une jouissance publique, leur donne des droits exclusifs à l'usage des eaux; alors la proposition est incontestable. Il faut seulement que la rédaction la consacre.

qui aboutit enfin à celle des art. 644 et 645.

La première rédaction du code laissait donc de la manière la plus absolue aux riverains la faculté d'user des eaux des cours d'eau comme de celles d'une source; elle reconnaissait à celui dont une eau courante traverse l'héritage le droit d'en user *à sa volonté.* Les tribunaux avaient un pouvoir discrétionnaire pour résoudre les contestations : ils n'avaient d'autre obligation que celle de concilier les intérêts de l'agriculture avec le respect dû à la propriété. Qu'entendait-on par ce mot *la propriété?* C'était, suivant l'explication de M. Treilhard, celle qui se fondait sur un titre : et il entendait sans doute par là une ancienne concession de l'autorité souveraine ou bien un contrat entre riverains ; car il est impossible d'imaginer un autre titre donnant la possession des eaux. M. Galli demanda que la possession tint lieu de titre et le consul Cambacérès fit observer que ce devait être la possession centenaire ou immémoriale prouvée par des constructions faites par le riverain ou par une jouissance publique. Enfin un autre membre voulut que l'usage que les propriétaires riverains feraient des eaux fut subordonné aux dispositions des réglements administratifs.

C'est dans cet état que l'article fut renvoyé à la section du conseil d'Etat. Que s'y passa-t-il? On l'ignore. Mais on remarquera le notable changement qui fut opéré dans la rédaction de l'article 644. Les mots *à sa volonté* furent supprimés et l'on fit l'ajoute qui consiste à dire que *dans tous les cas les réglements particuliers et locaux sur l'usage des eaux doivent être observés.*

La suppression des mots *à sa vo-

lonté est facile à comprendre. Les rédacteurs du code virent fort bien que reconnaître à un riverain le droit d'user des eaux *à sa volonté* c'était lui procurer une occasion infaillible de se mettre en guerre avec ses voisins ; c'était admettre une véritable impossibilité, car le droit d'un riverain est nécessairement limité par celui des autres. C'était déjà trop que de reconnaître à celui, dont une eau courante borde ou traverse la propriété, le droit d'en user ou de s'en servir ; on comprit combien ces expressions étaient vagues et sujettes à des interprétations diverses et pour donner au droit des riverains une base qui leur était indispensable on proclama pour les tribunaux l'obligation d'observer dans tous les cas les réglements particuliers et locaux.

Mais ces réglements résolvent-ils eux-mêmes la difficulté ? En d'autres termes les droits qu'ils confèrent aux riverains sont-ils tels qu'ils constituent dans les mains de ceux-ci une propriété réelle et incommutable ? Nullement, à moins que par une circonstance tout-à-fait exceptionnelle le cours d'eau n'ait été partagé depuis sa source jusqu'à son embouchure entre tous les riverains ; un exemple éclaircira ce qui précède.

Supposons un ruisseau traversant les terres d'un certain nombre de propriétaires A, B, C, D, E, G qui se présentent, en remontant le cours d'eau, dans l'ordre où ces lettres sont placées ; G étant le plus rapproché de la source. B et C ont fait avec A un réglement d'eau en vertu duquel ils se partagent les eaux qui leur arrivent ; D, E, G se sont abstenus jusqu'ici de faire usage des eaux et le réglement d'eau fait par les riverains A, B, C existe depuis plus de trente ans : les premiers n'ont pas perdu pour cela tout droit de se servir des eaux ; ils peuvent fort bien ignorer l'existence du réglement fait par leurs voisins ; en outre rien ne pouvait les obliger à y être partie aussi longtemps qu'ils n'ont pas jugé à propos de se servir des eaux. Ils établiront donc des prises d'eau pour arroser à leur tour leurs héritages ; mais il va de soi que par là ils diminueront le volume des eaux. Cette absorption aura lieu au détriment des riverains inférieurs, surtout si le ruisseau est d'un faible volume. Ceux-ci n'auront évidemment le droit de réclamer que pour autant qu'ils aient prescrit l'usage de la totalité des eaux par une possession immémoriale avant le code. Sauf ce cas exceptionnel leur droit se bornera à pouvoir contester aux riverains D, E et G l'usage d'une quantité d'eau plus ou moins grande ; et en supposant même qu'ils intentent à ces propriétaires une action possessoire pour trouble apporté à leur jouissance et que cette action soit accueillie, ceux-ci seront encore fondés à réclamer, au pétitoire, le partage des eaux et à obliger leurs voisins à faire un nouveau réglement.

Il peut donc arriver que quelques propriétaires riverains d'un cours d'eau aient réglé entre eux le partage des eaux ; il peut même se faire qu'un riverain ait acquis au préjudice de quelques-uns de ses voisins supérieurs ou inférieurs le droit exclusif d'user des eaux au moyen d'ouvrages apparents et d'une possession publique plus que trentenaire [1].

[1] Cass. F. 4 avril 1842. J. P. 1842. 1. 556.

Il se peut encore que, de deux fonds riverains contigus, l'un soit privé des eaux par destination du père de famille; mais de ce que quelques héritages riverains auraient perdu par une cause quelconque le droit d'user des eaux que leur confère l'article 644, il n'en résulte pas que ce droit soit également perdu pour d'autres propriétaires supérieurs qui seraient restés pendant trente ans sans réclamer l'usage des eaux.

Ainsi donc l'usage des eaux pour l'irrigation est, dans l'état actuel de la législation, essentiellement précaire pour chaque riverain. Si les conditions particulières dans lesquelles se trouve une prise d'eau par rapport au riverain immédiatement supérieur ou inférieur, sont telles que celle-ci doive être considérée comme à l'abri de toute atteinte de leur part, il n'en est pas ainsi, en thèse générale, à l'égard des autres riverains situés plus haut ou plus bas. Ces riverains, quelque soit le temps pendant lequel ils auraient négligé de faire usage des eaux, ont conservé l'intégrité de leurs droits et peuvent toujours en revendiquer l'exercice 1. En un mot, ce n'est que dans le cas tout-à-fait exceptionnel où tous les riverains du cours d'eau, depuis sa source jusqu'à son embouchure, se seraient entendus pour faire entre eux un réglement d'eau qu'on pourrait dire que la portion d'eau que chacun utilise constitue entre ses mains une propriété réelle et incommutable.

71. Telle est, à mon avis, la vraie théorie du droit des riverains à l'usage des eaux, telle qu'elle résulte de l'ar-

ticle 644 du code ; on ne peut se dissimuler les inconvénients qu'elle présente ; il en est deux principaux : le premier c'est que l'usage des eaux, étant précaire pour les riverains, ceux-ci doivent toujours craindre d'entreprendre pour l'agriculture des ouvrages de quelqu'importance ; le second c'est que, dans l'état actuel de la législation, rien ne les obligeant à se retirer devant l'administration pour faire régler leurs droits, il s'en suit que chaque fois qu'un riverain, qui s'était abstenu jusque là, se présente pour réclamer l'usage des eaux, il y a presque certitude que sa prétention fera surgir un procès.

Or, les tribunaux n'ont pas à leur disposition les moyens de régler d'une manière convenable le partage des eaux. Étrangers aux questions techniques, chaque fois qu'une contestation du genre de celle dont il s'agit se présente devant eux, ils doivent appeler à leur secours des hommes du métier. Quelles règles président au choix de ces experts ? C'est l'influence des parties ou la volonté d'un président qui le détermine. Quelles garanties peuvent-ils présenter à tout autre point de vue qu'à celui des plaideurs, point de vue toujours étroit et exclusif ? Il s'agit de régler la contestation pour le plus grand intérêt de ceux-ci et leurs vues ne vont pas plus loin. S'il surgit des difficultés sur un autre point du même cours d'eau, on nommera probablement d'autres experts dont les conclusions ne seront pas en parfaite harmonie avec ce qui aura été décidé sur l'avis des premiers. Ce même fait pourra se répéter plusieurs fois : au fur et à mesure que les questions de partage des eaux seront plus nombreuses, les con-

<hr>

1 Cass. F., 10 avril 1821. J. P. XVI. 520; Bourges, avril 1857. J. P. 1857. 1. 85.

testations deviendront plus graves, plus difficiles, plus embrouillées ; il pourra se faire que les tribunaux, n'ayant par devers eux aucun moyen de coordonner leurs décisions d'après un système général en rapport avec l'étendue et les ressources du cours d'eau, rendent des arrêts inconciliables. Je laisse de côté les considérations relatives à la police générale du cours d'eau, à son régime au point de vue des intérêts publics, etc.; on sait bien que, sous ce rapport, l'incompétence des tribunaux est évidente et que leur opposition avec l'administration peut occasionner de fâcheux conflits.

Si les inconvénients que je viens d'énumérer ne se sont pas réalisés plus fréquemment jusqu'à ce jour et s'il est encore un grand nombre de cours d'eau où les fâcheuses conséquences du système consacré par le code civil ne se sont pas encore montrées, la raison en est bien simple. C'est que la majeure partie des eaux est encore aujourd'hui sans emploi et si elle reste improductive, si elle coule sans utilité à travers tant d'héritages qui pourraient y puiser de précieuses ressources, qu'on se garde de l'attribuer uniquement à l'insouciance et à la paresse des riverains : la crainte des procès et le sentiment des difficultés que je viens d'exposer, sont bien plutôt la cause de leur inertie. Ils savent, par l'expérience de leurs voisins, qu'il est rarement possible de réclamer un nouvel emploi des eaux sans faire naître un procès et plutôt que de se lancer dans les hasards et les dangers d'une action judiciaire, ils préfèrent renoncer aux bénéfices que l'irrigation pourrait leur procurer.

Le code civil n'a donc pas résolu la question de l'emploi des eaux : ses rédacteurs ne se sont nullement préoccupés du meilleur parti qu'on pouvait en tirer ; ils ont cru qu'il suffisait d'établir, en termes généraux, le droit égal des riverains à l'usage des eaux, en laissant aux tribunaux le soin de les mettre d'accord en cas de contestation sur le partage.

Nous venons de voir combien sont grandes les difficultés que font surgir ces dispositions du code, lorsqu'il s'agit d'utiliser les eaux pour l'irrigation; elles ne sont pas moindres lorsqu'il s'agit de concilier les prétentions contraires de l'industrie et de l'agriculture.

72. Nous avons vu que les anciennes concessions féodales, faites en faveur de l'industrie, constituent dans les mains de celle-ci une propriété incommutable et qu'on doit en dire autant des usines, dont l'existence remonte à une époque antérieure à 1795. Enfin il faut reconnaître ce même caractère à celles qui ont été autorisées légalement avant la promulgation du code.

Mais il n'en est plus de même des usines concédées postérieurement à la promulgation de l'article 644. Cet article, ainsi que nous l'avons vu, reconnaît aux riverains le droit d'user ou de se servir des eaux et ce droit ne peut se perdre par le non usage ; il arrivera donc que des riverains, situés à une distance plus ou moins considérable de l'usine, revendiqueront leur droit d'irrigation.

Ils ne réclameront pas une partie de la chute : elle appartient toute entière à celui à qui elle a été concédée; elle forme dans ses mains une propriété dont ils ne peuvent exiger le partage mais il n'en est pas de même du volume des eaux; c'est en vain qu'on prétendrait qu'en diminuant ce volume on porte une atteinte directe à la force motrice et qu'il faut avoir égard aux intérêts que l'industrie représente et à l'importance des capitaux engagés dans ses travaux; l'art. 644 reste debout et les riverains pourront toujours l'invoquer pour réclamer le partage des eaux.

Aussi de nombreux arrêts ont établi qu'il n'existe aucune prescription ni aucun droit acquis au profit du propriétaire d'un moulin établi sur un cours d'eau bien que ce moulin ait absorbé pendant plus de trente ans la totalité du volume d'eau et que les riverains ne sauraient être réputés avoir renoncé à leurs droits par cela seul qu'ils n'auraient pas réclamé contre l'établissement ou l'exploitation de cette usine 1.

Les droits d'usage sur les eaux, si on les envisage par rapport à l'ensemble des riverains d'un cours d'eau, sont donc, à peu d'exception près qu'il faut admettre pour les concessions anciennes, essentiellement précaires dans leur mode d'exercice, soit qu'il s'agisse de l'irrigation, soit qu'il s'agisse de l'industrie.

73. Serait-il utile que la loi fut modifiée sur ce point?

On ne peut nier que la doctrine du droit imprescriptible des riverains à l'usage des eaux, prise et appliquée d'une manière absolue, ne présente l'inconvénient de donner à la possession de ces eaux une mobilité qui est un obstacle sérieux à toute entreprise importante. D'une part l'industrie réclame pour l'emploi de ses capitaux la stabilité et la sécurité : elle ne doit pas être exposée à perdre, en partie du moins, le moteur qui lui est indispensable; d'autre part, l'agriculture ne peut, en bien des cas, se contenter d'un filet d'eau insignifiant et mieux vaudrait pour elle ne rien faire que d'entreprendre des travaux impropres à satisfaire ses besoins.

Il serait donc utile, dans l'intérêt de la bonne distribution des eaux, que l'administration fut revêtue d'un certain pouvoir discrétionnaire qui lui permît de faire pour les eaux ce qu'elle fait pour les mines.

On partirait du principe général et absolu que nul ne peut utiliser les eaux, aussi bien pour l'agriculture que pour l'industrie, sans un octroi ou concession formelle de l'administration. Lorsque celle-ci statue aujourd'hui sur des travaux destinés à l'irrigation, ce n'est qu'au point de vue de la police en vertu des pouvoirs que lui accordent l'arrêté du 28 août 1820 et les réglements provinciaux qui ont renouvellé et étendu les prescriptions de cet arrêté; mais son autorisation ne détermine rien au sujet du partage des eaux; or, c'est précisément le point qu'elle devrait régler : il faudrait que l'octroi que l'administration accorde, après avoir établi la nature et les dimensions des ouvrages autorisés, assurât à celui qui en est pourvu la jouissance d'une certaine quantité d'eau. Il faudrait que cet octroi fut la base d'un droit réel, d'une propriété incommutable.

---

1 Cass. F. 17 fév. 1809; 10 fév. 1824, J. P. XVIII, 441. — Bordeaux 23 janv. 1838. J. P. 1840, 2, 560; Bourges 8 janv. 1836. J. P. XXVII, 909; 7 avril 1837. J. P. 1837, 1, 83. — Angers 28 janv. 1826. J. P. XX, 650. — Cass. B. 15 fév. 1836. J. XIX. S. 1836, 272.

Pour éviter les inconvénients signalés plus haut, la compétence des tribunaux devrait être réduite à l'appréciation des faits de possession, à l'interprétation des conventions privées, à la solution des questions de dommages. Ils resteraient chargés d'assurer l'application des réglements administratifs, mais ils devraient se déclarer incompétents lorsqu'il s'agirait de régler l'usage des eaux entre des particuliers non munis d'un titre administratif et renvoyer les parties devant l'administration pour que celle-ci ait à faire un réglement d'eau. Ce renvoi serait d'autant plus rationel que celle-ci doit, dans tous les cas au point de vue d'une bonne police, autoriser les travaux projetés dans le lit ou sur les bords des cours d'eau. Or si l'autorisation administrative ne concorde pas avec le réglement formulé par les tribunaux qui lèvera le conflit? Évidemment il est de la prudence de le prévenir.

On objectera que ce système aurait pour effet de rendre l'administration l'arbitre de la distribution des eaux : qu'importe, s'il est le seul qui satisfasse tous les intérêts et qui soit compatible avec les progrès de l'agriculture et de l'industrie? Quand même il aurait pour résultat de conférer à l'administration le droit exclusif de régler le partage des eaux, de la même manière qu'elle concède le droit d'exploiter les mines, où serait le mal? L'administration a par devers elle tous les moyens qui peuvent l'aider à prendre des décisions justes, équitables, utiles; elle peut faire le partage des eaux en toute connaissance de cause, puisqu'elle possède les données qui servent à calculer le volume des eaux et la surface des terrains qui peuvent participer à l'irrigation.

Ce serait d'ailleurs une erreur de croire que ce système doit avoir nécessairement pour effet de donner à l'administration le droit de disposer des eaux d'une manière absolue, arbitraire, et sans contrôle. La loi ne se bornerait pas à poser le principe de l'autorisation préalable, elle tracerait les règles à suivre pour la délivrance des autorisations; elle assujettirait l'administration à l'observation de certaines formalités propres à garantir tous les intérêts légitimes. On pourrait, ainsi qu'on l'a fait pour les propriétaires de la surface lorsqu'il s'agit des mines, conserver aux riverains un droit de préférence à l'usage des eaux; mais l'administration aurait, en certains cas et moyennant certaines conditions, la faculté d'étendre cet usage à une catégorie de propriétés qui en sont aujourd'hui privées. Si ce système était en vigueur, l'énorme quantité d'eau qui reste actuellement sans emploi recevrait bientôt une destination utile, en même temps que les contestations sur l'usage des eaux qui paralisent le bon vouloir et l'activité des riverains, deviendraient en quelque sorte impossibles.

Si l'on pouvait douter de ces heureux résultats, on n'a qu'à considérer les effets qu'a produit en France la promulgation de la loi de 1810 qui consacre, pour les mines, des principes analogues à ceux que je réclame pour les eaux; avant cette loi, l'exploitation des mines n'offrait dans ce pays qu'une médiocre importance, mais lorsqu'on eut admis que la concession faite par l'autorité donnerait la propriété incommutable d'une mine et que l'industrie n'eût plus rien à redouter de l'instabilité qui avait vicié jusque là sa possession, on vit les exploitations prendre des proportions inouïes et leur prospérité n'a cessé de grandir depuis cette époque.

Ne pourrait-on pas espérer dès résultats analogues pour les cours d'eau, si la loi accordait à l'administration le droit d'en disposer de la même manière qu'elle fait des mines ?

74. Bien que dans l'état actuel de la législation les droits d'usage des riverains sont de leur nature essentiellement précaires dans leur mode d'exercice, ils constituent néanmoins des droits qu'ils peuvent vendre, aliéner, échanger ; ceci s'applique surtout aux concessions de prises d'eau qui leur ont été faites ou à celles qu'ils possèdent de temps immémorial et pour lesquelles il y a prescription.

Il résulte de là que le Gouvernement ne peut les en dépouiller sans une indemnité préalable et sans procéder suivant les règles établies en matière d'expropriation pour cause d'utilité publique.

75. Il n'y a qu'une seule exception à cette règle : elle concerne le cas où l'administration viendrait à ordonner des modifications aux ouvrages d'art établis sur un cours d'eau, à la dimension des vannes, à la hauteur des seuils, etc., par une mesure d'ordre public et dans l'intérêt général des inondations et de la salubrité. Dans ces circonstances, les décisions de l'administration sont souveraines et le pouvoir judiciaire est incompétent pour en apprécier l'opportunité 1. Il a même été jugé que la mesure, arrêtée dans un but de police et d'utilité générale, qui oblige un usinier à diminuer l'élévation de ses déversoirs, établis même de temps immémorial, ne constitue pas une expropriation 1. Mais ce n'est pas le lieu de traiter ici d'une manière approfondie cette question, que j'examinerai plus tard, lorsque je m'occuperai des mesures de police auxquelles l'existence et la conservation du Domaine public et des choses communes peuvent donner lieu.

76. Aux termes de l'arrêté royal du 10 septembre 1830, c'est aux députations permanentes des provinces qu'il appartient de délivrer l'autorisation nécessaire pour ériger un moulin ou une usine, ou faire un changement quelconque dans le mode d'utiliser les eaux. Mais si un conseil communal, sans qualité à cet égard, a statué sur un objet de cette nature, les irrégularités de sa résolution peuvent être couvertes par la ratification donnée aux ouvrages par l'autorité provinciale 2.

Ce que j'ai dit précédemment des divers cas où l'autorisation est nécessaire, s'applique aussi bien aux cours d'eau non navigables qu'aux rivières navigables en général (n° 61).

Il faut donc admettre, qu'à moins qu'il ne s'agisse de travaux d'entretien, de réparation ou d'amélioration qui ne peuvent en aucune façon exercer de l'influence sur le mode d'utiliser les eaux, sur les dimensions des vannes et les diverses parties qui constituent le cours d'eau ou la prise d'eau, l'autorisation administrative est toujours nécessaire.

---

1 Cass. B, 5 nov. 1855. Pas. 1855. 1. 438.

1 Cass. B., 10 juillet 1855. Pas. 1855. 1. 515.
2 Cass 8 janvier 1842. XIX. S. 1842, 161.

Quant aux formalités de l'instruction de la demande, de l'enquête de *commodo* et *incommodo*, ainsi que la marche administrative, elles sont absolument les mêmes que lorsqu'il s'agit des rivières navigables. Ceci résulte de l'arrêté royal du 28 août 1820, qui porte que les lois et réglements sur l'érection et le changement des moulins et usines sur les cours d'eau navigables s'appliqueront de tout point aux cours d'eau non navigables. La seule dérogation qui ait été apportée à l'arrêté de 1820, est celle qui résulte de celui du 10 septembre 1850, rappelé ci-dessus et en vertu duquel l'arrêté de la députation permanente ne doit plus être soumis à la sanction royale.

J'ai exposé précédemment (n° 59 et s.) la marche administrative dont il s'agit: je n'y reviendrai plus.

77. J'ai fait remarquer que ni la loi, ni les réglements ne tracent de règles positives pour le partage des eaux. L'administration doit cependant suivre, à cet égard, une jurisprudence fixe, afin que ses décisions soient à l'abri de tout reproche et pures de tout arbitraire. Voici les principes qui me semblent devoir être admis.

En matière d'irrigation, l'étendue de rives possédées par le pétitionnaire ne doit pas entrer toute seule en considération pour déterminer le volume des eaux auquel il a droit. Tel particulier peut posséder le long d'un cours d'eau une bande de terrain très-longue et très-étroite pour laquelle l'usage des eaux ne serait d'aucune utilité et pourrait même, en certains cas, être nuisible. Il arrive aussi que l'état des lieux est, en bien des cas, un obstacle insurmontable à ce que certains terrains riverains profitent de l'irrigation.

L'administration, dans le partage qu'elle est appelée à faire des eaux, doit donc tenir compte, dans une juste mesure, des besoins réels et repousser toute considération abstraite qui reposerait sur un prétendu droit que la nature elle-même, par la disposition et la richesse du sol, a refusé à certains riverains. L'enquête administrative peut, du reste, l'éclairer complètement à cet égard.

Pour les prises d'eau destinées à l'irrigation, la priorité de la demande ne doit pas être prise en considération. Cela dérive des principes exposés ci-dessus, sur le droit imprescriptible des riverains à l'usage des eaux (n° 70). Mais il n'en est pas ainsi lorsqu'il s'agit de la concession d'une chute d'eau. La priorité de la demande doit ici entrer en ligne de compte. Si la chute se répartit entre plusieurs héritages et qu'il y ait plusieurs demandes en concurrence et présentées en même temps, l'administration devra se décider en faveur de celui qui a la plus grande partie de la chute sur son terrain ; s'il y a égalité sous ce rapport, on devra chercher dans les faits de l'enquête des éléments pour la décision à prendre. L'usinier qui réclame une certaine hauteur de chute à titre d'extension d'ouvrages déjà existants, mérite aussi quelques égards. Enfin l'administration doit, surtout en ce qui concerne la concession des chutes d'eau, conserver une certaine latitude et un certain pouvoir discrétionnaire pour apprécier les besoins de la localité et l'intérêt général.

78. Sur quoi peuvent être fondées les oppositions à une demande de faire usage des eaux et quel accueil l'administration doit-elle y faire? Je vais

essayer de résoudre cette question pour les irrigations et pour les usines.

Il est d'abord une espèce d'opposition qui doit faire surseoir à toute décision de la part de l'autorité administrative. C'est celle qui serait fondée sur un droit de propriété. Ainsi, si l'opposant se prétend propriétaire du terrain sur lequel les travaux doivent être établis, l'administration doit surseoir à l'instruction de la demande jusqu'à ce que les tribunaux aient statué sur cette question préjudicielle [1].

Comme conséquence de ce principe, un riverain, propriétaire d'une seule rive d'un cours d'eau, n'aurait pu en présence de l'opposition du voisin obtenir le droit d'établir, contre la rive de celui-ci, les ouvrages nécessaires à sa prise d'eau. Mais les droits des riverains à cet égard, ont été modifiés par la loi du 27 avril 1848 sur les irrigations, qui porte :

« Art. 5. Tout propriétaire, voulant se servir pour l'irrigation de ses propriétés, des eaux dont il a le droit de disposer, pourra, moyennant une juste et préalable indemnité, obtenir la faculté d'appuyer sur la propriété du riverain opposé les ouvrages d'art nécessaires à sa prise d'eau.

« Ces ouvrages d'art devront être construits et entretenus de manière à ne nuire en rien aux héritages voisins.

« Sont exceptés de cette servitude les bâtiments et les cours et jardins attenants aux habitations. »

« Art. 6. Le riverain sur le fonds duquel l'appui sera réclamé, pourra toujours demander l'usage commun du

barrage, en contribuant pour moitié aux frais d'établissement et d'entretien. Aucune indemnité ne sera respectivement due dans ce cas et celle qui aurait été payée devra être rendue.

« Lorsque l'usage commun ne sera réclamé qu'après le commencement ou l'achèvement des travaux, celui qui le demandera devra supporter seul l'excédant de dépenses auquel donneront lieu les changements à faire au barrage pour l'approprier à l'irrigation de son fonds. »

Ainsi toute opposition qui serait fondée sur ce motif que le pétitionnaire ne peut faire usage des eaux, qu'en appuyant son barrage sur la propriété d'autrui, ne devrait plus empêcher aujourd'hui l'administration d'accorder l'autorisation de prise d'eau. Cette opposition devrait se traduire en une demande de dommages-intérêts dont les tribunaux sont jugés aux termes de l'article 7 de la loi susdite.

La solution serait-elle la même si le barrage, au lieu de servir à une prise d'eau pour l'irrigation, devait procurer la hauteur d'eau nécessaire au jeu d'une usine ? Cette question est très-controversée. On remarquera que la loi ne l'ayant pas expressément résolue pour les usines comme elle l'a fait pour les irrigations, il restera toujours des doutes à cet égard, nonobstant les décisions de la jurisprudence, et ces doutes sont d'autant plus sérieux que ces décisions ne sont pas les mêmes ici qu'en France.

Suivant la jurisprudence du conseil d'Etat et des tribunaux civils, l'administration doit surseoir à statuer sur une demande d'établissement de barrage pour une usine, lorsque ce barrage ne peut pas s'appuyer tout entier

[1] Cons. d'Etat, 14 déc. 1825 ; 18 janv. 1826 ; 2 août 1826.

sur le terrain du pétitionnaire [1]. Aussi l'administration, saisie d'une demande de l'espèce, exige le consentement préalable du riverain opposé ou un certificat du maire qui constate que les deux rives appartiennent au pétitionnaire.

Cette marche n'est pas généralement adoptée dans notre pays et nous n'avons pas à proprement parler, de jurisprudence fixe sur ce point; dans la province de Brabant l'administration incline à suivre la jurisprudence française; dans la province de Liége la doctrine contraire a prévalu [2]; la députation permanente du conseil provincial ne se croit pas obligée de surseoir à statuer sur une demande d'établissement de barrage par ce motif que les deux rives n'appartiennent pas au même propriétaire et elle laisse aux tribunaux le soin d'apprécier la question.

Je pense que la jurisprudence suivie dans la province de Liége s'accorde mieux que l'autre avec les principes précédemment exposés sur la propriété des cours d'eau et les droits des riverains. Dans un pays où les héritages sont fort divisés, l'adoption du principe suivi en France serait en bien des cas un obstacle invincible à ce que la force motrice des eaux fut utilisée. Il faut donc s'en tenir à l'opinion contraire tout en faisant des vœux pour qu'une loi positive vienne au plutôt, dans l'intérêt de l'industrie, mettre fin à toute controverse.

L'opposition que soulèverait un particulier parce qu'une partie de la chute d'eau existe le long de sa propriété n'est pas, non plus, de nature à devoir arrêter l'administration. Il résulte des principes précédemment établis sur la propriété des cours d'eau que leur pente ou leur force motrice est hors du commerce et qu'il appartient à l'administration d'en disposer [1].

L'administration doit-elle tenir compte de l'opposition d'un riverain à une demande d'érection d'usine, fondée sur la revendication du droit de pouvoir disposer d'une partie des eaux pour l'irrigation? Elle doit en tenir compte, mais seulement dans ce sens qu'au lieu de permettre l'érection d'un barrage plein pour détourner les eaux dans le bief de l'usine à construire, elle devra ordonner la construction d'un pertuis par le moyen duquel le riverain pourra, aux heures et aux jours à convenir avec l'usinier, profiter des eaux pour l'irrigation. Par ce moyen l'administration lève toute difficulté; elle concède la chute d'eau dont elle a le droit de disposer sans blesser les droits du riverain. En cas de contestation sur le partage du volume d'eau elle laisse aux tribunaux le soin de décider.

La loi du 27 avril 1848 ne s'est pas bornée à établir le droit d'appui de barrage sur la rive opposée pour l'exercice de l'irrigation, elle porte aussi :

« Art. 1. Tout propriétaire qui voudra se servir pour l'irrigation de ses propriétés, des eaux naturelles ou artificielles dont il a droit de disposer,

---

[1] Cons. d'Etat, 8 sept. 1824; 10 août 1828. — Cass. F. 22 avril 1823. — Rouen, 6 mai 1828.

[2] Liége 25 janv. 1845 et 8 mars 1851.

[1] Cass. F. 14 fév. 1833. D. 1833, 1, 138; Caen 19 août 1837 et 19 janvier 1838. Dev. 1838, II, 25 et 194. — Cons. d'Etat, 28 mai 1832; 19 nov. 1832. Demelombe X, n° 144.

pourra obtenir le passage de ces eaux, sur les fonds intermédiaires, à la charge d'une juste et préalable indemnité. »

« Art. 2. Les propriétaires des fonds inférieurs devront recevoir les eaux des terrains ainsi arrosés, sauf l'indemnité qui pourra leur être due. »

Cette loi ne fait exception à cette règle que pour les bâtiments, cours, jardins, parcs et enclos attenant aux habitations (art. 4).

Cette disposition a créé une véritable servitude sur les propriétés riveraines des cours d'eau en faveur de l'irrigation. Elle n'existe pas en faveur des usines. Ainsi il faut admettre que toute opposition à une demande d'établissement d'usine fondée sur ce que le pétitionnaire aurait l'intention de faire passer les eaux de son bief alimentaire sur une propriété qui ne lui appartient pas devrait faire rejeter la demande.

L'opposition à l'établissement d'un barrage pour une usine ou pour l'irrigation pourrait être basée sur ce que le reflux occasionné par ce barrage doit avoir pour effet de submerger les propriétés voisines. L'administration doit y avoir égard dans ce sens qu'elle ne peut autoriser des travaux qui auraient pour effet d'infliger aux riverains des dommages considérables et permanents. Mais si le reflux des eaux n'a d'autre effet que de couvrir les berges du cours d'eau sur une étendue plus ou moins grande, l'opposition qui n'aurait pas d'autre fondement ne devrait pas faire obstacle à la délivrance de l'autorisation ; les riverains ayant toujours leur recours devant les tribunaux pour réclamer des dommages-

intérêts, s'ils sont réellement appréciables.

Il est à remarquer du reste que toute opposition qui n'aurait d'autre base que la crainte de dommages éventuels ne doit pas être aisément accueillie par l'autorité administrative. Il est sans doute évident que celle-ci doit toujours être sage, paternelle et prévoyante, qu'elle ne doit donner son appui à aucune entreprise qui consacre directement ou indirectement une sorte d'expropriation de la propriété d'autrui mais en dehors de ce cas sa liberté d'action ne doit pas être trop restreinte. Il ne faut pas perdre de vue le principe qui domine toute cette matière : ce principe est que toute autorisation administrative de faire usage des eaux est toujours donnée *sauf les droits des tiers* et sans préjudice à toute action qu'ils voudraient intenter pour dommages quelconques apportés à leur propriété. Si même l'acte administratif ne renfermait pas expressément cette réserve des droits des tiers, les tribunaux devraient toujours la considérer comme sous-entendue.

Il est enfin un genre d'opposition auquel l'administration ne doit avoir aucun égard c'est celle qui serait fondée sur la rivalité des industries, sur la considération que des établissements similaires existent déjà dans la localité, etc. Il est de règle que l'administration doit rester absolument étrangère à de telles influences.

79. J'ai dit que l'arrêté de la députation qui statue sur la demande d'un particulier pour lui accorder l'autorisation de faire certains travaux en lit de rivière dans le but d'utiliser les eaux, était toujours accordée sauf les droits des tiers ; il en résulte que ceux

qui se croiraient lésés, ont toujours un recours ouvert devant les tribunaux.

S'il s'agit de l'irrigation, l'arrêté ne détermine pas la quantité d'eau dont le particulier peut faire usage : les propriétaires voisins qui utilisent aussi le cours d'eau peuvent se trouver lésés par les entreprises du nouveau venu et ils ont le droit d'attraire celui-ci en justice pour faire ce qu'on appelle un réglement d'eau. S'il s'agit de l'établissement d'une usine, la députation permanente ne peut faire à un particulier aucune concession qui paralyserait l'usage d'une autre concession déjà existante où le droit d'irriguer et dans ce cas encore les tribunaux seraient compétents pour apprécier les droits des concurrents ; s'ils déclarent que le particulier n'a aucun droit à l'usage des eaux, l'autorisation qu'il a obtenue de l'administration doit rester sans effet 1.

80. On a agité la question de savoir si le recours au Roi est possible dans l'état actuel de la législation de la part d'un particulier qui se croirait lésé par l'arrêté d'une députation qui statue sur sa demande de faire certains travaux à un cours d'eau.

Cette question présente des difficultés sérieuses. Elle me parait avoir été parfaitement résolue dans le sens de l'affirmative par M. Beernaert, dans la *Revue de l'administration,* du moins en ce qui concerne les travaux que nécessitent l'hygiène publique et la police des eaux en général. La solution doit être la même s'il s'agit d'ouvrages destinés à utiliser la chute ou le volume des eaux. En effet, qu'il

s'agisse de l'établissement de moulins et d'usines ou d'irrigation, c'est principalement au point de vue de la police que l'autorisation administrative est accordée ou refusée. Les motifs qui doivent faire admettre dans ce cas le recours au Roi, quoiqu'il n'ait pas été formellement stipulé par les lois et réglements, sont les suivants :

Le réglement des eaux est une affaire d'intérêt général qui n'a été attribuée aux administrations provinciales que par une délégation du pouvoir central. Ce point est hors de toute contestation pour la législation française jusqu'en 1815. Sous le gouvernement hollandais on voit par l'arrêté du 31 janvier 1824 que le recours au Roi était formellement réservé en matière d'autorisation de travaux d'usines. L'arrêté du 10 septembre 1830 qui chargea les députations d'exercer à l'avenir la surveillance sur les cours d'eau, ajoute qu'elles exerceront ces attributions *comme le faisait auparavant l'administration des mines.* Or, les décisions de l'administration des mines en semblable matière n'étaient que de simples avis sur lesquels le pouvoir royal statuait en dernier ressort.

Aujourd'hui il faut reconnaitre comme jadis que tout ce qui concerne le régime des eaux est d'intérêt général, au moins dans le grand nombre des cas. Nous n'avons aucune raison d'admettre que la compétence des diverses branches du pouvoir exécutif ait été changée en ce qui concerne la police des eaux par l'article 78 de la Constitution et la loi provinciale.

Telle est l'analyse sèche et fort écourtée des arguments présentés par

---

1 V. dans ce sens Cons. d'Etat 2 août 1826 ; 10 janvier 1852.

M. Beernaert : je ne puis qu'y renvoyer le lecteur [1].

81. L'arrêté de la députation qui autorise une prise d'eau pour l'irrigation, doit contenir des conditions analogues à celles que j'ai déjà fait connaître en traitant des prises d'eau sur les rivières navigables (n° 56 sup.).

Lorsqu'il s'agit de l'érection d'un moulin ou d'une usine, les conditions sont aussi à peu-près les mêmes que celles exposées ci-dessus. On peut y ajouter les suivantes, qui concernent spécialement la police des cours d'eau non navigables ni flottables.

1°. L'obligation pour l'impétrant de faire certains travaux déterminés dans le but de garantir de l'action des eaux les propriétaires supérieurs ou inférieurs.

2°. L'obligation pour l'usinier de livrer passage aux agents de l'administration, chargés de vérifier, à certaines époques, si les ouvrages ont été maintenus dans les conditions de l'octroi.

L'administration a parfois inséré dans ses arrêtés de concession la clause de démolition de l'usine sans indemnité pour le cas où l'utilité publique le requerrait. M. Isambert s'est élevé avec force contre cette pratique. C'est par abus, par l'oubli de tous les principes, dit-il, que dans les ordonnances relatives à la construction des usines sur les rivières non navigables, on impose aux usiniers la charge de souffrir, sans indemnité, la destruction de leur usine en cas d'utilité publique [2].

82. Pour combien de temps l'autorisation accordée par l'administration est-elle valable? La loi, ni les régle-

ments ne déterminent rien à cet égard et leur silence est très-regrettable. La cour de Paris a jugé que l'exception de prescription est inadmissible contre la faculté d'user d'un droit concédé par un arrêté d'administration publique notamment contre un réglement, en matière de cours d'eau, contenant fixation de la hauteur des eaux pour le service d'une usine. En conséquence, le propriétaire d'un moulin ne peut opposer au propriétaire du moulin supérieur le non usage par ce dernier pendant trente ans du droit d'élever son déversoir à la hauteur déterminée par ce réglement [1].

Il résulterait de cette décision que quelque fût le temps pendant lequel un riverain n'eût pas usé de l'autorisation qui lui est accordée d'utiliser une chute d'eau, son droit de faire usage de cette chute ne serait pas modifié. Cette doctrine peut conduire à toutes sortes d'abus. Si elle était définitivement admise, on verrait un bon nombre de riverains se hâter de réclamer de l'administration des concessions dont ils n'auraient aucune envie de faire usage, uniquement pour créer des embarras à leurs voisins, ou trafiquer de ces concessions. D'autre part, une autorisation donnée sous l'empire de certaines circonstances peut fort bien, après une période de 15, 20 ou 30 ans, si le riverain n'en a pas profité et si d'autres sont venus dans l'intervalle réclamer à leur tour l'usage des eaux, ne plus satisfaire aux exigences de l'intérêt public et aux besoins de la localité. Il est donc essentiel que l'administration prenne la précaution, dans les autorisations ou con-

<hr>

[1] Revue de l'administration, t. II, p. 1005.
[2] Traité de la voirie, t. I, p. 219; Daviel, n° 56. Voyez encore : Liége, 13 juillet 1848.

[1] Paris, 26 fév. 1844. J. P. 1844. 1. 364.

cessions qu'elle accorde, de fixer elle-même un délai pour les mettre à exécution. Mais il serait fort utile que ce point fut réglé définitivement par la loi et que celle-ci déterminât non-seulement un délai pour faire usage des concessions administratives, mais aussi les divers cas où les particuliers peuvent encourir la déchéance de celles dont ils ont déjà fait usage.

83. J'ai dit qu'il était de principe certain que toute autorisation de faire usage des eaux, accordée par l'administration, l'était toujours sous la réserve des droits des tiers. Cette réserve ne s'applique pas seulement à tous les titres ou octrois antérieurs, droits de propriété, de servitude, d'usage, etc., que les riverains pourraient invoquer pour faire modifier, par l'administration, la concession accordée, elle a surtout trait aux dommages de toute nature que l'usage de la concession pourrait occasionner aux voisins.

Il a été jugé, conformément à ce principe, que la faculté accordée au riverain d'un cours d'eau de s'en servir pour l'irrigation de ses propriétés, ne lui donne pas le droit de pratiquer à cet effet, sur son terrain, des travaux qui auraient pour résultat de faire infiltrer dans les édifices voisins et inférieurs des eaux qui n'y seraient jamais arrivées par la seule disposition des lieux [1].

Au surplus, la loi a pourvu elle-même à la sûreté et à la conservation des propriétés voisines en frappant d'une peine les meuniers ou usiniers qui, par la trop grande élévation de leurs déversoirs ou autrement, les inonderaient. Mais ces dispositions, étant spé-

cialement du ressort de la police, je les examinerai dans un autre travail.

Enfin, il va de soi que les propriétaires d'un ouvrage quelconque situé sur un cours d'eau, doivent l'entretenir avec tous les soins requis, afin que sa détérioration ou sa chute ne puisse nuire au cours de l'eau. Ce sont encore là des dispositions de police dont je m'occuperai plus tard.

84. On s'occupe depuis quelques années, dans notre pays, de la réforme de la législation des cours d'eau non navigables ni flottables. Le lecteur peut apprécier maintenant dans quel sens il serait utile qu'elle fût conçue, en ce qui concerne l'usage des eaux. J'ai indiqué la première et la plus importante amélioration dont la législation est susceptible (n° 73 sup.), celle qui consisterait à donner à cet usage le caractère de stabilité qui lui manque aujourd'hui. On pourrait aussi permettre à l'administration de concéder, dans certains cas, l'emploi des eaux à d'autres que ceux qui sont immédiatement riverains. Mais cette seconde réforme entraînerait un notable changement dans les obligations qui incombent aux riverains actuels, en ce qui concerne l'entretien des rives et le curage du lit. Il faudrait désormais admettre en principe que ces frais ne peuvent incomber qu'à ceux qui profitent des eaux d'une manière quelconque, ce qui est d'ailleurs rigoureusement conforme à l'équité. Je ne dirai rien des changements et des mesures qu'il y aurait lieu de prendre à d'autres points de vue, tel que celui de la police des cours d'eau; j'en ai déjà parlé dans un ouvrage précédent [1].

---

[1] Cass. F. 26 mars 1844. J. P. 1844. 2. 187.

[1] Essai sur la législation des cours d'eau, etc.

§ 5.

DE L'USAGE DES MINES ET DES EAUX SOUTERRAINES.

85. Le lecteur se rappellera que j'ai rangé les mines parmi les *choses communes*. Pour traiter d'une manière complète les questions qui se rapportent à la recherche et à la découverte de ces substances, à leur concession et à leur exploitation, je devrais entrer dans des développements considérables qui ne peuvent trouver place ici ; je me bornerai donc à exposer avec quelques détails les règles qui président à l'institution des concessions ; puis je dirai quelques mots des caractères qui les distinguent.

Cet exposé que je m'efforcerai de rendre aussi court que possible servira à justifier et à faire mieux comprendre l'analogie qui existe entre les mines et les cours d'eau non navigables, et le sens des réformes que je voudrais voir introduire dans la législation qui concerne ces derniers.

Ces considérations sur la concession des mines serviront aussi à nous mettre sur la voie de ce qui reste à faire par le législateur pour les eaux souterraines.

86. Nous avons vu dans mon premier travail sur le *domaine public* (n° 66) que les *mines* seules font l'objet d'une concession de la part du gouvernement et nous savons quelles sont les substances que la loi du 21 avril 1810 comprend sous cette dénomination.

Le bon sens indique assez qu'avant de concéder une mine le gouvernement doit s'assurer d'abord qu'elle existe et que son exploitation est possible; donc la recherche et la découverte des mines doivent précéder toute demande en concession de la part des particuliers.

Je m'abstiendrai de traiter les questions qui se rattachent à la recherche et à la découverte des mines. M. Aug. Bury les a parfaitement élucidées dans de savantes dissertations publiées par la *Revue de l'administration* [1]. Je me bornerai à une simple réflexion. Le droit pour le propriétaire de la surface de pratiquer des sondages dans son terrain pour y faire la recherche des mines est une conséquence naturelle du droit de propriété et il est formellement consacré par la loi du 21 avril 1810; mais cette loi a voulu aussi que le gouvernement pût autoriser des travaux de recherches dans la propriété d'un particulier, sans l'autorisation de celui-ci, et lors même qu'il se livrerait lui-même à des travaux de cette espèce. A ce point de vue le droit de fouiller un terrain pour y rechercher des mines est donc une servitude imposée à la propriété foncière pour favoriser l'exploitation des mines; c'est une servitude qui se rattache à l'existence des choses communes et dont l'étude devrait trouver place dans le chapitre II de ce traité.

Je me bornerai pour le moment à renvoyer le lecteur au travail de M. Aug. Bury et au traité de M. A. Delebecque sur la législation des mines, minières et carrières, tom. 2, p. 99 et s.

87. L'existence de la mine ayant été constatée, il y a lieu de faire une demande en concession.

La loi n'impose pas de conditions particulières d'indigénat ou autres analogues pour pouvoir demander une concession.

L'art. 13 de la loi du 21 avril s'exprime ainsi :

« Tout français (belge) ou tout étranger naturalisé ou non en France (Belgique) agissant isolément ou en société a le droit de demander et peut obtenir, s'il y a lieu, une concession de mines. »

Les seules conditions exigées par la loi sont les facultés ou capacités nécessaires pour entreprendre et conduire les travaux et les moyens de satisfaire aux redevances envers le gouvernement, aux droits dûs au propriétaire de la surface et aux indemnités pour dommages de toute espèce qui doivent être payées d'après l'acte de concession ou suivant les prescriptions de la loi [1].

La loi du 21 avril 1810 n'a pas déterminé dans quelle forme et à l'aide de quels documents l'individu ou la société, sollicitant une concession, devaient justifier des facultés nécessaires pour entreprendre les travaux et satisfaire en même temps aux redevances et indemnités. Son silence ne doit pas être considéré comme une lacune : la loi ayant investi le gouvernement, sans limites aucunes, de la libre appréciation de toutes les circonstances propres à le déterminer, dans l'intérêt général, à accorder ou à refuser une concession, système formellement maintenu par la loi du 2 mai 1837, c'eût été le gêner dans son action que

---

[1] Tom. 2, pag. 226 et tom. 3, pag. 587.

[1] Loi du 21 avril 1810, art. 14.

d'indiquer des moyens de preuve auxquels il devait s'arrêter pour former son jugement et il eut été difficile, pour ne pas dire impossible de formuler des règles applicables à tous les cas [1].

Si les travaux qu'il s'agit de faire doivent être conduits sous des maisons ou lieux d'habitation, sous d'autres exploitations ou dans leur voisinage immédiat, le demandeur en concession doit en outre donner caution de payer toute indemnité en cas d'accident : les demandes ou oppositions des intéressés sont dans ce cas portées devant les tribunaux [2].

88. Mais il peut se présenter à la fois plusieurs demandeurs en concession. Le gouvernement est-il libre de choisir celui qu'il juge le plus convenable ?

La loi du 21 avril 1810 le disait nettement ; mais celle du 2 mai 1837 est venue y apporter quelque modification ; cette dernière s'exprime ainsi :

« Art. 11. Le propriétaire de la surface dont l'étendue est reconnue suffisante à l'exploitation régulière et profitable de la mine obtiendra la préférence pour les concessions nouvelles, s'il justifie des facultés nécessaires pour entreprendre et conduire les travaux de la manière prescrite par la loi.

« Il en sera de même si cette surface appartient à plusieurs propriétaires réunis en société et qui offriront les mêmes garanties.

Néanmoins, le gouvernement pourra, de l'avis du conseil des mines, s'écarter de cette règle dans les cas où les propriétaires de la surface se trouveraient en concurrence, soit avec l'inventeur, soit avec le demandeur en extension. »

Il semble au premier abord que cette loi ait accordé beaucoup au propriétaire de la surface ; mais en réalité elle ne lui a reconnu aucun droit positif et absolu. Qui sera réputé l'inventeur de la mine ? C'est au conseil des mines et au gouvernement qu'il appartient de le décider souverainement et de déclarer s'il y a lieu d'accorder à un particulier, qui se prétend inventeur de la mine, la préférence sur le propriétaire de la surface [1].

Mais, d'autre part, le pouvoir exécutif seul, c'est-à-dire le Roi et ses ministres, n'a pas un pouvoir discrétionnaire pour accorder la concession. Le législateur a considéré que l'importance de cet acte exigeait des garanties toutes spéciales et il a voulu que les demandes en concession, extension ou maintenue de concession de mines, fussent soumises à l'avis du conseil des mines, et qu'aucune concession, extension ou maintenue de concession, ne pût être accordée *contre* l'avis de ce conseil [2].

C'est donc celui-ci en dernière analyse qui est investi de la libre appréciation des faits et circonstances de nature à justifier, en faveur de l'inventeur de la mine ou d'un demandeur en extension de concession, une dérogation au droit de préférence que l'art. 11 de la loi du 2 mai 1837, confère, en règle générale, au propriétaire de la surface [3].

Quels peuvent être ces faits et ces circonstances ?

Le principal motif qui doit déter-

---

[1] Av. Cons. des min. 15 déc. 1837.
[2] Art. 15.

[1] Cass. B. 12 mai 1854. Pas. 1854, 1, 260.
[2] Loi du 2 mai 1837, art. 7.
[3] Av. Cons. des mines du 14 mai 1844.

miner l'application de l'exception établie par le § 3 de l'art. 11 de la loi du 2 mai 1837 en faveur de l'inventeur de la mine ou d'un demandeur en extension, c'est d'assurer, dans l'intérêt général, l'exploitation la plus utile et la plus profitable de la mine [1].

S'il s'agit d'une extension de concession réclamée concurremment par des concessionnaires voisins, l'équité comme la raison demandent que l'on s'attache principalement à rechercher, non pas seulement quel est celui des concessionnaires rivaux qui, par son activité et l'importance de ses travaux, mérite les encouragements du gouvernement, mais surtout quels sont les travaux existants et en activité au développement desquels l'extension est la plus indispensable [2].

En cas que l'inventeur n'obtienne pas la concession d'une mine, il a droit à une indemnité de la part du concessionnaire; elle est réglée par l'acte de concession [3].

89. Les formalités à remplir pour obtenir une concession sont les suivantes :

La demande en concession doit être faite par voie de simple pétition sur timbre adressée au gouverneur de la province qui la fait enregistrer à sa date sur un registre particulier et ordonne les publications et affiches dans les dix jours [4].

Aux termes de l'arrêté royal du 11 fév. 1827 ce délai de dix jours ne peut

être dépassé sous quelque prétexte que ce soit.

Mais il faut que la demande en concession soit sérieuse, c'est-à-dire qu'elle ait un fondement réel pour que l'administration provinciale soit tenue d'ordonner les publications et affiches.

Ainsi l'art. 30 de la loi du 21 avril 1810 exige qu'un plan régulier de la surface, en triple expédition, et à l'échelle de 1/10,000, soit annexé à la demande. Ce plan doit être dressé ou vérifié par l'ingénieur des mines qui doit y apposer son visa après s'être assuré de son exactitude [1]. Ce plan doit être certifié par le gouverneur.

Il résulte de-là que si l'ingénieur-en-chef des mines apposait simplement sa signature sur les trois expéditions du plan avec la formule « vu... etc. » ces plans ne satisferaient pas aux prescriptions de la loi [2].

Si les demandeurs négligeaient de fournir les plans dans la forme qui leur est prescrite, l'administration pourrait se refuser à faire les publications ordonnées par la loi [3].

Mais cela ne suffit pas : aux termes des instructions du 18 messidor an IX et du 3 avril 1810, la demande en concession doit indiquer la désignation précise du lieu de la mine et de sa consistance, ainsi que la nature du minerai à extraire, et doit être accompagnée d'un plan régulier qui fasse connaître la disposition des substances minérales à exploiter.

Le conseil des mines a décidé que pour satisfaire au vœu de ces instructions et au prescrit de l'art. 23 de la

---

[1] Av. Cons. des min. du 7 août 1846.
[2] Av. Cons. des min. du 18 nov. 1848.
[3] Loi du 2 mai 1837, art. 11 ; loi du 21 avril 1810, art. 16.
[4] Loi du 21 avril 1810, a t. 22.

[1] Décret du 18 nov. 1810, art. 34.
[2] Cons. des mines 11 oct. 1850.
[3] Cons. des mines 11 oct. 1850.

loi de 1810 qui veut que l'affiche soit publiée dans le lieu où *la mine est située*, il y ait des présomptions suffisantes que cette mine existe, et il a émis l'avis « qu'il est non-seulement prudent, mais qu'il est du devoir des administrations provinciales, de se borner à enrégistrer les demandes en concession et de surseoir à l'ordonnance de publication, jusqu'à ce que les demandeurs aient justifié de l'existence de la mine ou tout au moins apporté des présomptions suffisantes ; ce qui s'applique naturellement au cas où il s'agit d'un périmètre avoisinant une exploitation établie, si aucuns travaux de recherches n'ont été entrepris dans ce périmètre où n'ont pas encore fait reconnaître le gisement de la mine et ses allures [1].

Une circulaire du directeur-général des mines en France a décidé de la même manière qu'il n'y a lieu de procéder aux publications et affiches des demandes en concession de mines, et d'instituer des concessions que lorsque l'existence des gites minéraux est suffisamment constatée [2].

Les projets d'affiches sont rédigés par les ingénieurs des mines et proposés au gouvernement de la province par l'ingénieur-en-chef [3].

Ces affiches ont lieu pendant quatre mois dans le chef-lieu de la province, dans celui de l'arrondissement où la mine est située, dans le lieu du domicile du demandeur et dans toutes les communes sur le territoire desquelles la concession peut s'étendre. Elles sont insérées dans les journaux de la province [1].

Aux termes d'une instruction du ministre de l'intérieur et du waterstaat du 17 février 1823, n° 33, il est inutile d'ordonner les affiches et publications, dans les communes situées hors du royaume, des demandes en concession formées par des individus non regnicoles. Cependant, pour se conformer strictement à la loi, on peut exiger que tout demandeur en concession indique un domicile, sinon réel, au moins d'élection, et alors les formalités prescrites par la loi seront accomplies dans la commune où se trouve le domicile désigné.

Les publications des demandes en concession de mines ont lieu devant la porte de la maison commune et des églises paroissiales et consistoriales, à la diligence des bourgmestres, à l'issue de l'office, un jour de dimanche et au moins une fois par mois pendant la durée des affiches. Les maires seront tenus de certifier ces publications [2].

Le greffier des états provinciaux délivrera au réquérant un extrait certifié de l'enregistrement de la demande en concession [3].

Les affiches et publications ordonnées par la loi de 1810 sont des formalités essentielles, établies dans l'intérêt des tiers. La preuve légale de l'accomplissement de ces formalités ne peut se faire que par écrit, c'est-à-dire par la production des affiches, des journaux et des certificats de publication. Cette preuve ne peut être sup-

---

[1] Cons. des min. 18 mars 1842. Voir aussi l'avis du 13 mars 1846.

[2] Circ. Dir. gén. des mines de France du 31 oct. 1857. Ann. Mines 1857. 12. 699.

[3] Décret, 18 janv. 1810, art. 24.

[1] Loi de 1810, art. 23.

[2] Loi de 1810, art. 24.

[3] Ibid., art. 25.

pléée par la preuve testimoniale ou par des probabilités plus ou moins graves 1.

Les demandes en concurrence et les oppositions qui sont formées sont admises devant la députation du conseil provincial jusqu'au dernier jour du quatrième mois, à compter de la date de l'affiche. Elles sont notifiées par actes extrajudiciaires au gouvernement provincial, où elles sont enregistrées sur le registre indiqué à l'article 22. Les oppositions sont notifiées aux parties intéressées; et le registre est ouvert à tous ceux qui en demandent communication 2.

Si, pendant les quatre mois d'affiches et de publication, il n'est formé aucune opposition ni demande en concurrence, les ingénieurs des mines sont tenus d'adresser leur rapport, endéans les quatorze jours, aux Etats députés et d'y joindre un projet de cahier des charges 3.

Si, au contraire, des oppositions ou demandes en concurrence ont été formées pendant le délai légal, les demandeurs en concession devront fournir leurs repliques dans les deux mois, après l'expiration dudit délai. Dans ce cas, le terme de quatorze jours ne commence à courir qu'après les deux mois révolus 4.

Si, toutefois, un terme plus long était absolument indispensable, les ingénieurs des mines qui croiraient en avoir besoin, seront tenus d'en rendre compte à la députation permanente qui peut alors prolonger le délai accordé aux ingénieurs pour transmettre leur avis, à

condition d'en informer l'administration supérieure des mines; le roi statue ensuite 1.

En principe, il est loisible à l'administration d'accorder aux demandeurs en concession de mines, qui le réclament, un délai convenable pour continuer leurs travaux de recherches, lorsque les ingénieurs et l'autorité provinciale jugent les travaux effectués insuffisants pour l'institution d'une concession 2.

En matière de concession de mines, la priorité de date de la demande, quelque soit le périmètre qu'elle embrasse, ne constituant pas une priorité de droit ni une clause d'exclusion pour d'autres prétendants, elle ne peut par conséquent produire l'effet d'interrompre l'instruction administrative des demandes en concurrence ayant pour objet tout ou partie du même périmètre 3.

A l'expiration du délai des affiches et publications et sur la preuve de l'accomplissement des formalités exigées par la loi, la députation permanente, sur l'avis de l'ingénieur-en-chef des mines et après avoir pris des informations sur les droits et les facultés des demandeurs, donne son avis dans le mois qui suivra et le transmet au ministre des travaux publics.

L'avis de l'ingénieur-en-chef des mines doit être motivé et il est émis à la suite des avis ou rapport de l'ingénieur ordinaire sur les demandes en concession, permission et sur les questions d'art et de science qui peuvent se présenter 4.

---

1 A v. Cons. des mines, du 15 déc. 1857.

2 Ibid.; art. 26.

3 Arrêté royal du 11 fév. 1827, art. 2.

4 Ibid., art. 3.

1 Arrêté royal du 7 déc. 1829.

2 Av. Cons. des mines du 13 mars 1846.

3 Av. Cons. des mines du 22 juin 1838.

4 Décret du 18 nov. 1810, art. 23.

C'est endéans le terme d'un mois, après la réception du rapport de l'ingénieur-en-chef des mines, que les États députés sont tenus de transmettre les dossiers au département des travaux publics [1].

90. Il est définitivement statué sur la demande en concession par un arrêté royal sur l'avis du conseil des mines.

L'avis du conseil est précédé d'un rapport écrit, fait par l'un de ses membres.

Ce rapport contient les faits et l'analyse des moyens. Il est déposé au greffe du conseil des mines ; la notification du dépôt est faite aux parties intéressées par huissier, en la forme ordinaire, à la requête du président et aux frais du demandeur en concession maintenue ou extension de concession.

Les parties sont tenues d'élire domicile à Bruxelles. Les notifications sont faites à ce domicile. Dans le mois de la signification du dépôt, les parties sont admises à adresser leurs réclamations au conseil qui peut, selon les circonstances, accorder des délais ultérieurs pour rencontrer les réclamations produites [2].

Le conseil est tenu de donner, par la voie du greffe et sans déplacement, communication aux parties intéressées de toutes les pièces qui concernent, soit les demandes en concession, en extension ou en maintenue de concession, soit les oppositions.

Ces pièces sont visées par le président ou un conseiller par lui délégué : il en est dressé un inventaire par le greffier, qui en délivre des copies certifiées aux parties intéressées qui en font la demande.

Les avis et rapports que le conseil aurait jugés convenable de demander aux ingénieurs des mines, sont écrits, déposés au greffe du conseil et communiqués également aux parties intéressées [1].

D'après l'article 28 de la loi du 21 avril 1810, toute opposition était admissible devant le ministre de l'intérieur ou le secrétaire du conseil d'État jusqu'à l'émission du décret de concession. Depuis la loi de 1837 le délai utile pour adresser les oppositions est réduit au mois qui suit la signification du dépôt des pièces relatives à la demande de concession, fait par le gouverneur de la province, sauf le droit du conseil de prolonger ce délai d'après les circonstances.

Les demandes en concurrence qui seraient produites jusqu'à décision du gouvernement sur la demande primitive de concession, doivent être considérées et traitées comme simples oppositions ; ces demandes ne doivent être publiées et soumises aux formalités d'affiches que dans le cas où elles ont pour objet des terrains autres que ceux indiqués dans le périmètre de la demande primitive de concession ; et toutefois sans que, dans ce cas, il soit requis de surseoir à l'instruction et à la décision sur cette demande jusqu'après l'accomplissement de cette formalité [2].

91. Les oppositions tardives aux demandes en concession de mines, prévues en l'art. 28 § 2 de la loi de 1810, sont faites par simple requête,

---

[1] Arrêté royal du 11 fév. 1827, art. 6.
[2] Loi du 2 mai 1837, art. 4.

[1] Ibid., art. 5.
[2] Cons. des min. 2 mars 1858, arrêté royal du 18 sept. 1818, art. 6.

dans la forme ordinaire, au ministre des travaux publics, et le renvoi de la demande en concession à laquelle cette opposition est relative, est fait au conseil des mines par arrêté royal; ce n'est que par ce mode de renvoi que le conseil peut être dans ce cas valablement saisi [1].

Si l'opposition est motivée sur la propriété de la mine acquise par concession ou autrement, les parties sont renvoyées devant les tribunaux [2].

Cependant dans l'application de l'art. 53 de la loi du 21 avril 1810 et de l'art. 11 de la loi du 2 mai 1837, le gouvernement n'est pas tenu de renvoyer aux tribunaux les oppositions motivées sur de prétendus droits de propriété, si les difficultés qu'elles soulèvent ne sont pas de nature à entraver la marche de l'action administrative dans l'exécution des lois et réglements sur les mines.

Les parties intéressées sont toujours libres de saisir directement l'autorité judiciaire de l'examen de leurs réclamations [3].

92. L'arrêté royal qui accorde la concession détermine l'étendue de celle-ci. Elle doit être limitée par des points fixes, pris à la surface du sol, et passant par des plans verticaux menés de cette surface dans l'intérieur de la terre à une profondeur indéfinie; à moins que les circonstances et les localités ne nécessitent un autre mode de limitation [4].

L'acte de concession indique les délais dans lesquels le bornage doit être fait. Il a lieu aux frais des concessionnaires à la diligence de l'administration provinciale et en présence de l'ingénieur des mines ou de son délégué qui en dresse procès-verbal. Des expéditions de ce procès-verbal sont déposées aux archives de la province et à celles des communes sous lesquelles s'étend la concession.

93. Suivant l'article 7 de la loi du 21 avril 1810 l'acte de concession donne la propriété perpétuelle de la mine, laquelle est dès lors disponible et transmissible comme tous autres biens, et dont on ne peut être exproprié que dans les cas et selon les formes prescrits pour les autres propriétés, conformément au code Napoléon et au code de procédure civile.

Il importe de bien se rendre compte de ce que le législateur a voulu entendre par ces mots de *propriété perpétuelle de la mine*. Peuvent-ils signifier que les concessionnaires sont à l'abri de toute déchéance et que leur concession ne peut jamais être révoquée; faut-il aussi en conclure que les concessionnaires ne peuvent faire abandon de la mine? Je dois traiter en peu de mots ces questions.

La loi de 1791 avait admis plusieurs cas de déchéance: c'était lorsque, sans motifs légitimes, le concessionnaire n'avait pas commencé ses travaux dans un délai de six mois, ou bien lorsqu'il avait cessé son exploitation pendant un an. Mais la loi avait laissé à l'administration le droit d'apprécier la légitimité des causes de retard ou d'abandon des travaux. Enfin cette loi n'attribuait à la concession qu'une durée de cinquante ans.

---

[1] Arrêté royal du 18 sept. 1818, art. 4. Avis du Cons. des mines du 3 oct. 1848.

[2] Loi de 1810, art. 28.

[3] Av. Cons. des mines du 21 nov. 1845 et du 22 oct. 1847; Liége 11 mars 1815. Delebecque tom. 2, p. 165.

[4] Loi du 21 avril 1810, art. 29.

La loi de 1810 est venue apporter à celle de 1791 de profondes modifications en ce qui concerne ces différents points. Elle n'a pas voulu que la seule inexécution de certains travaux ou de simples retards pussent entraîner par eux-mêmes la déchéance des concessionnaires; mais d'autre part elle n'a pas voulu non plus que le gouvernement fût complètement désarmé.

Les articles 49 et 50 de la loi de 1810 portent que si l'exploitation est restreinte ou suspendue de manière à inquiéter la sûreté publique ou les besoins des consommateurs, si elle compromet la sûreté publique, le préfet (aujourd'hui la députation permanente) peut prendre certaines mesures ou en rendre compte au ministre des travaux publics *pour y être pourvu ainsi qu'il appartiendra.*

Et la loi du 2 mai 1837, article 7, dispose :

« Les arrêtés que le ministre des travaux publics prendra en vertu des articles 49 et 50 de la loi du 21 avril 1810 et des articles 4 et 7 du décret impérial du 3 janvier 1813, ne pourront être rendus qu'après avoir pris l'avis du conseil des mines; ces arrêtés devront être motivés. »

94. Mais cela ne suffit pas : on a posé nettement la question de savoir si le Gouvernement peut efficacement stipuler dans l'acte de concession, qu'à défaut, par le concessionnaire, de se conformer aux règles d'exploitation ou d'exécuter les travaux qui lui sont spécialement prescrits, la concession peut être révoquée.

Le conseil des mines, appelé à se prononcer là-dessus, s'est exprimé ainsi dans son avis du 12 janvier 1838:

« Le Gouvernement a le droit de stipuler dans l'acte de concession et pour le cas d'inexécution, telle condition qu'il juge convenir, dès que cette condition n'est contraire ni aux lois, ni à l'ordre public.

» La condition de révocation de la concession pour le cas d'inexécution ou de cessation des travaux prescrits, bien loin d'être en opposition avec aucune disposition de la loi ou d'ordre public, est, au contraire, en parfaite harmonie avec la prévision de la loi spéciale sur la matière, puisque cette condition a pour objet d'assurer la sanction de la loi dans son but principal, celui d'assurer, au moyen de la concession, l'exploitation régulière, profitable et non interrompue de la richesse minérale.

» C'est à défaut d'avoir suffisamment apprécié la portée de l'article 7 de la loi du 21 avril 1810, qu'on a parfois pensé que la clause de révocation était en opposition de principe avec le caractère de perpétuité que cet article imprime à la concession.

« En effet, cet article ne fait autre chose que d'attribuer à l'acte de concession les effets que le droit commun attache généralement à tous les contrats translatifs de propriété, contrats avec lesquels la clause de révocation pour cause d'inexécution se concilie parfaitement, bien qu'ils aient la vertu de transmettre la propriété perpétuelle et incommutable de la chose transférée; bien que, dans les mains de l'acquéreur, la chose devienne disponible et transmissible, et bien que celui-ci ne puisse en être exproprié que dans les cas et selon les formes prescrits pour les propriétés en général; »

Passant à l'examen de la discussion qui eût lieu à ce sujet au conseil d'Etat, le conseil des mines fait observer « que si le titre qui avait spécialement pour objet la déchéance pour abandon, vacance ou cessation des travaux, fut ajourné, ce ne fut nullement à raison qu'on n'était pas d'accord, qu'en ces cas la déchéance pourrait être encourrue, conformément aux principes déjà adoptés et maintenus dans le projet, et encore moins à raison qu'aucun doute se serait élevé sur le droit appartenant au Gouvernement de stipuler la clause de révocation, pour l'inexécution des travaux qui seraient spécialement prescrits par l'acte de concession, mais à cause d'une dissidence d'opinion sur le point de savoir quelles seraient les garanties dont il fallait entourer l'action de l'administration pour parvenir à la déchéance, afin que cette action ne fût ni arbitraire, ni vexatoire, à quel genre de procédure cette action serait soumise et surtout, si la déchéance serait prononcée par voie administrative ou par l'intervention des tribunaux. »

Ainsi donc, d'après le conseil des mines, si l'on a renoncé dans la loi de 1810 à reproduire les cas de déchéance stipulés dans celle de 1791, c'est plutôt le mode d'application que le principe lui-même qu'on a eu en vue; on a voulu faire comprendre que la concession ne pouvait plus, comme jadis, être révoquée sous des prétextes plus ou moins frivoles ou arbitraires et suivant le caprice de l'administration.

Mais dans la supposition où l'administration ne stipule aucun cas de déchéance dans l'acte de concession, la contravention au cahier des charges, les cessation ou l'abandon des travaux pourraient-ils donner lieu à la révocation de la concession?

Oui, dit le conseil des mines dans l'avis précité, car « la loi ne crée pas la propriété de la mine pour la rendre stérile, au gré de celui à qui la concession l'attribue; que tout au contraire son but est l'exploitation effective, économique et profitable de la mine, tout le système de cette loi n'étant que le développement de ce principe fondamental; d'où la conséquence 1° que la concession de la mine n'emporte pas le droit absolu d'user et d'abuser; 2° qu'ici l'obligation d'exploiter est inséparable du transport de la propriété; 3° que la condition d'exploiter est inhérente à la nature même de l'acte de concession, et que ce n'est que sous cette condition que, dans l'intention de la loi, l'attribution de la propriété de la mine s'opère en faveur du concessionnaire.

« ... Il importe peu que la condition résolutoire de la concession ait été stipulée dans l'acte lui-même, l'acte qui se fait en exécution d'une loi spéciale obligeant non-seulement à ce qui est exprimé dans l'acte, mais encore à toutes les suites qui en dérivent naturellement pour que la loi atteigne son but; de manière que si la condition résolutoire n'a pas été exprimée dans l'acte de concession, elle n'y est pas moins sous entendue par la nature même des dispositions de la loi...

» L'objection tirée de la circonstance que la loi veut expressément que la propriété concédée de la mine soit perpétuelle, n'est ici d'aucune importance, puisque, suivant les principes du droit commun, l'incommutabilité attachée à la propriété en général n'est pas exclusive de l'action résolutoire pour le cas d'inexécution des obligations dérivant du transport même de la propriété. »

Aux yeux du conseil des mines, l'acte de concession participe de la nature du contrat *do ut facias*, c'est un contrat synallagmatique dans lequel la condition résolutoire est toujours sous-entendue pour le cas où l'une des parties ne satisfait pas à ses engagements; et l'action résolutoire se trouve évidemment ouverte pour le cas où le concessionnaire ne remplit pas l'engagement principal qui dérive de la concession qui est de ne pas abandonner son exploitation et d'exécuter les travaux qui sont spécialement prescrits.

Mais comment et par qui la révocation de la concession peut-elle être prononcée?

Le conseil des mines appelé également à se prononcer sur cette question a répondu que « l'art. 7 de la loi de 1810 ayant assimilé la propriété résultant de l'acte de concession à toutes les autres propriétés régies par le droit commun, et la révocation, la résolution ou la dépossession des droits dérivant de l'acte de concession ne peuvent être prononcés que par les tribunaux. »

« Que la législation spéciale sur les mines n'ayant pas déterminé les formalités qui devaient être observées pour faire prononcer la révocation d'une concession, l'action en révocation doit être poursuivie devant les tribunaux à la diligence du gouvernement, conformément aux règles de la procédure du droit commun. »

95. La question de savoir si une concession de mines est ou non révocable n'est vraiment importante que pour autant que sa solution nous donne le moyen d'apprécier quelle est la nature de la propriété que confère l'acte de concession; or, ce dernier point ne peut plus maintenant susciter le moindre doute; il est bien établi par l'avis du conseil des mines et les raisonnements exposés ci-dessus que lors même qu'on se range à l'avis de ceux qui admettent que les concessions sont révocables, on doit reconnaître néanmoins que la propriété qu'elles confèrent est réelle et incommutable et qu'on doit l'assimiler complètement à une propriété ordinaire.

Au point de vue pratique la question de savoir si une concession est ou non susceptible de révocation ou de déchéance en cas d'interruption ou d'abandon des travaux est aujourd'hui sans importance.

A l'époque où la loi de 1791 parut, lorsque l'exploitation des mines était encore dans l'enfance et que cette richesse n'avait pas le prix qu'on lui attribue maintenant, on pouvait craindre que certains concessionnaires n'abandonnassent trop légèrement leurs travaux, faute d'un bénéfice suffisant ou par impuissance de les continuer et de subvenir à de grandes dépenses. Il pouvait même être utile à cette époque de prévoir le cas où l'industrie métallurgique pourrait être en disette de combustible; mais aujourd'hui et dans notre pays surtout, où le principe d'association est fort développé, où l'industrie a pris un essor inouï, où il n'est pas à craindre que la moindre richesse minérale reste improductive faute de bras et de capitaux pour la faire valoir, il semble superflu d'examiner si l'abandon d'une mine où la cessation des travaux peut entraîner la déchéance des concessionnaires. On

peut être certain d'avance que cet abandon n'aura lieu que lorsqu'il aura été
surabondamment démontré que la
mine ne peut rapporter aucun bénéfice
quelconque.

96. D'autre part en supposant même
que la déchéance ait été prononcée par
les tribunaux, tout n'est pas fini et
c'est alors seulement que les difficultés
commencent.

Qui acceptera la mine délaissée? Qui
sera aux droits des concessionnaires,
ou plutôt qui acceptera les charges de
la concession? Car on ne peut supposer que la déchéance ait été prononcée
pour un autre motif que parce que les
charges de la concession dépassaient
les avantages qu'on pouvait en retirer.
Le gouvernement peut-il se substituer
aux concessionnaires? Il faudrait dans
tous les cas qu'il y fût autorisé par la
législature. Mais en supposant même
qu'il le soit, toute difficulté ne serait
pas levée. Il y a des redevances à
payer aux propriétaires de la surface,
il peut y avoir des créances hypothé-
caires sur la mine, il peut aussi y avoir
des créanciers chirographaires. La loi
n'a pas dit quel doit être le mode de
procéder à l'égard des tiers intéressés
afin de purger la concession de toutes
les charges qui la grèvent. Il y a sous
tous ces rapports dans la législation
une lacune que le gouvernement français avait déjà voulu combler en 1813,
et dont on ne s'est plus occupé depuis
cette époque 1.

La question de déchéance offre plus
d'intérêt lorsqu'elle se lie à une question de police, lorsqu'elle est soulevée
uniquement parce que les concession-

naires auraient refusé d'exécuter certains travaux qui leur sont prescrits
dans l'intérêt de la sûreté publique et
de l'exploitation. Mais en admettant
même la déchéance comme possible
dans ce cas, on ne porte aucune atteinte au principe de la propriété réelle
et incommutable de la mine; cette déchéance n'est toujours que la conséquence d'une clause résolutoire exprimée ou sous-entendue dans le titre de
propriété qui est l'acte de concession.

97. Ces mots de *propriété perpétuelle* appliqués à la mine doivent évidemment être pris dans le sens de
propriété *réelle* et *incommutable*;
mais il importe de remarquer qu'il
s'agit ici d'un bien qui n'a pas de sa
nature une durée illimitée et indéfinie.
Toute mine diminue et disparaît peu
à peu par l'usage; l'exercice du droit
de propriété est, en ce qui la concerne,
une véritable consommation, le jour
devant arriver où elle sera entièrement
exploitée, épuisée, anéantie. Que devient alors la propriété perpétuelle?
Elle se résout dans les terrains occupés, les bâtiments, engins, etc., car
la loi du 21 avril 1810 a voulu que
tous les accessoires de l'exploitation
fussent immeubles conformément à
l'art 524 du code. Elle s'exprime ainsi:

« Art. 8. Les mines sont immeubles.

Sont aussi immeubles, les bâtiments,
machines, puits, galeries et autres
travaux établis à demeure, conformément à l'art. 524 du code Napoléon.

Sont aussi immeubles par destination, les chevaux, agrès, outils et
ustensiles servant à l'exploitation.

Ne sont considérés comme chevaux
attachés à l'exploitation, que ceux qui

14

---

1 V. sur cette question : Jurisprudence du conseil
des mines par A. Chicora. Bruxelles 1850, p. 93.

sont exclusivement attachés aux travaux intérieurs des mines.

Néanmoins les actions ou intérêts dans une société ou entreprise pour l'exploitation des mines, seront réputés meubles, conformément à l'art. 529 du code Napoléon. »

98. La loi, tout en attribuant à la mine les caractères d'une propriété ordinaire, a admis cependant une exception : elle a limité en un point les droits du concessionnaire. Une propriété ordinaire peut être divisée et partagée au gré de celui qui la possède; une mine ne le peut pas. « Une mine, dit le 2ᵈ § de l'art. 7 de la loi, ne peut être vendue par lots ou partagée, sans une autorisation préalable du gouvernement donnée dans les mêmes formes que la concession. » Il est aisé de comprendre le but et la portée de cette disposition. La loi a investi le gouvernement du droit d'apprécier souverainement si un particulier peut ou non obtenir une concession en raison des facultés et des capacités qu'il possède pour exploiter. Si cette concession lui est donnée, c'est sans doute parce qu'on lui a reconnu ces facultés; le gouvernement a fait constater par ses agents qu'elles étaient en rapport avec l'étendue, la richesse, la disposition de la mine, et que l'ensemble de celle-ci pouvait être aisément mis à fruit par le particulier avec ses moyens actuels. Mais s'il était permis au concessionnaire de diviser la mine et de la vendre en lots comme il l'entend, il pourrait détruire toute l'économie de la combinaison que le gouvernement a sanctionnée ; la mine pourrait devenir un objet de spéculation ou d'agiotage; elle pourrait se partager entre des mains incapables de la maintenir à fruit et la loi a voulu prévenir ces diverses conséquences.

« La disposition du 2ᵈ § de l'article 7 de la loi, dit le conseil des mines [1] n'est que l'application du principe fondamental de cette loi, qui considère la mine comme un objet indivisible de sa nature, et qui ne la détache du sol, pour en former une propriété séparée et distincte. qu'en considération même de cette indivisibilité. »

« Aussi, c'est dans ce système d'indivisibilité, en envisageant la mine dans son ensemble et dans toute son étendue, que l'acte de concession établit un régime unique d'exploitation approprié à ses allures, de nature à assurer la régularité et la sûreté des travaux et à garantir les ressources de l'avenir par un aménagement en rapport avec le gisement mineral. »

« Abandonner au concessionnaire le droit de démembrer à son gré la concession, dit M. Jousselin [2] c'eût été retomber dans tous les inconvénients de la division indéfinie de la propriété des mines. »

Cette prohibition de partager la mine ou de la vendre en lots sans l'autorisation du Gouvernement, doit être plutôt envisagée, d'après le conseil des mines, au point de vue de la division de l'exploitation telle qu'elle a été réglée par l'acte de concession, qu'au point de vue du morcellement de la propriété elle-même.

« Ainsi toute convention sérieuse ou simulée, de nature à produire le même effet que la vente par lots ou le partage d'une mine; se trouve néces-

[1] Avis du 23 juillet 1841, Chicora pag. 128.
[2] Traité des servitudes d'utilité publique, tom. 2, pag. 58.

sairement comprise dans le texte de l'article 7 de la loi, qui, dans son langage prohibitif, atteint tout ce qui est de nature à en frauder la disposition [1].

Par application de ces principes, le conseil a émis l'avis que la convention connue sous le nom de *remise à forfait* et qui consiste à céder à des tiers le droit d'exploiter une ou plusieurs veines pendant un temps illimité, moyennant un prix fixé d'avance, tombe sous l'interdiction prononcée par l'article 7, puisqu'elle doit recevoir ses effets jusqu'à l'entier épuisement de la mine et qu'elle équivaut ainsi à une véritable aliénation de la chose.

C'est aussi pour cela qu'en France l'administration n'admet pas les amodiations ou louages partiels de concession [2]; en effet, ces sortes de contrats rompent l'unité de l'exploitation et de la concession et ils compromettent d'une manière grave la conservation des gîtes.

Pour éviter les inconvénients du partage de la mine, de quelque manière qu'il puisse avoir lieu, le Gouvernement fait insérer depuis 1840, dans les cahiers des charges des concessions qu'il accorde, l'obligation, pour le concessionnaire : 1° d'exploiter par lui-même et non par fermier ou à forfait ; 2° lorsque la mine est possédée par une société, de désigner, par une déclaration faite au secrétariat du Gouvernement provincial, celui de ses membres ou le délégué auquel elle aura donné les pouvoirs nécessaires pour correspondre en son nom avec l'autorité administrative, et en général,

pour la représenter devant l'administration, tant en demandant qu'en défendant. Ce fondé de pouvoirs doit être domicilié et résider en Belgique.

Enfin, quelque soit la manière dont la société se compose, tous les membres sont solidairement responsables de toutes et de chacune des conditions de leur concession, pour l'exécution desquelles ils sont tenus de faire une élection commune de domicile, où toutes les poursuites peuvent être exercées comme à domicile réel et à personne [1].

99. Mais si la loi prohibe le partage de la mine et la division en lots au point de vue de l'exploitation, elle admet par contre la réunion, dans une même main, de plusieurs concessions de mines (art. 31 de la loi). La seule condition imposée au concessionnaire, soit comme individu, soit comme représentant une compagnie, est de tenir en activité l'exploitation de chaque concession. La nécessité de cette condition est saillante, observe M. Delebecque : sans elle, par intérêt ou par un sentiment envieux, on pourrait demander une concession dans le seul but d'empêcher qu'une mine ne fut exploitée par un autre et qu'il ne s'établit une concurrence nuisible à l'exploitant, mais favorable aux consommateurs.

100. L'acte de concession purge, en faveur du concessionnaire, tous les droits des propriétaires de la surface et des inventeurs, ou de leurs ayant-droits, chacun dans leur ordre, après qu'ils ont été entendus ou appelés légalement, ainsi que je l'ai fait connaître

---

[1] Avis du 3 sept. 1841.

[2] Instr. du direct. général des mines du 29 déc. 1838.

[1] Cahier des charges adopté par l'administration belge. Chicora et Dupont. Code des mines, p. 529.

ci-dessus lorsque j'ai exposé la suite des formalités à remplir pour accorder la concession [1].

Cet acte règle le droit des propriétaires de la surface sur le produit des mines concédées [2].

Ce droit est réglé à une somme déterminée par l'acte de concession (article 42). La loi du 2 mai 1837 a fixé, dans ses articles 9 et 10, le taux de l'indemnité réservée à ces propriétaires et qui consiste en deux redevances, l'une fixe, l'autre proportionnelle au produit de la mine.

La valeur des droits que la loi accorde au propriétaire de la surface demeure réunie à la valeur de cette surface et reste affectée avec elle aux hypothèques prises par les créanciers du propriétaire [3].

Ainsi, du moment où une mine est concédée, même au propriétaire de la surface, cette propriété est distinguée de celle de la surface, et désormais considérée comme une propriété nouvelle, sur laquelle de nouvelles hypothèques peuvent être assises, sans préjudice de celles qui auraient été ou seraient prises sur la surface et la redevance [4].

Si la concession est faite au propriétaire de la surface, la redevance est évaluée pour le cas où les créanciers du propriétaire auraient des hypothèques à prendre sur sa propriété.

Une mine concédée peut être affectée par privilége, en faveur de ceux qui, par acte public et sans fraude, justifieraient avoir fourni des fonds pour les recherches de la mine, ainsi que pour les travaux de construction ou confection de machines nécessaires à son exploitation.

101. Le lecteur peut maintenant se faire une idée exacte des principes consacrés par la législation, en ce qui concerne l'usage des mines.

Le législateur a envisagé ces substances comme un bien n'appartenant à personne, un bien de la communauté négative qui ne devient la propriété privée d'un seul, individu ou société, que lorsqu'un acte de l'autorité publique lui en a fait la concession. A partir de ce moment, la mine se détache du sol et devient une propriété réelle et incommutable.

Qui dispose de ces biens, de cette richesse si précieuse ? L'administration. La loi lui a-t-elle du moins tracé des règles certaines et inflexibles qui préviennent l'arbitraire ? Nullement. Elle a entouré l'octroi de la concession d'une série de formalités, à l'aide desquelles tous les intérêts peuvent se produire et se faire entendre, mais elle n'a pas étendu plus loin sa sollicitude à leur égard.

La députation donne son avis sur toutes les demandes et oppositions qui lui ont été soumises pendant la publication de la demande primitive, ainsi que sur les rapports des ingénieurs des mines.

Le conseil des mines examine, étudie les divers documents fournis de part et d'autre, puis il décide souverainement. Son avis lie le Gouvernement du moins en ce sens qu'il constitue un véto infranchissable.

On a qualifié ce pouvoir d'exorbitant : il l'est en effet. En est-il résulté jusqu'ici un seul inconvénient notable ?

---

[1] Art. 17 de la loi.
[2] Art. 6.
[3] Art. 18 de la loi de 1810.
[4] Art. 19.

A-t-on l'exemple d'une décision entâchée d'arbitraire ou taxée d'injustice? Je ne le pense pas. Et pourquoi donc, si ce n'est précisément parce que le conseil des mines ne peut jamais perdre de vue un seul instant la responsabilité qui pèse sur lui ; parce qu'il est convaincu que l'indépendance dont il jouit lui impose des devoirs plus rigoureux que s'il devait suivre une route invariable tracée à l'avance.

Mais il est omnipotent, dira-t-on ; comment accuser d'arbitraire celui qui fait tout ce qu'il veut? Cette omnipotence n'existe pas dans le sens qu'on suppose. La loi ne lie pas absolument le conseil des mines ni le Gouvernement: j'en conviens ; mais elle trace cependant quelques règles ; on sait que la loi est conçue dans un certain esprit; elle a indiqué les motifs de préférence qui doivent guider l'administration ; or, celle-ci s'est formée sur ce point une jurisprudence fixe et déterminée, et son mérite consiste précisément à la suivre fidèlement et à rester conséquente avec elle-même.

Le public gagnerait-il quelque chose à la création d'un tribunal supérieur, qui pût réformer les décisions du conseil des mines? Pour ma part je suis persuadé que non : si ce tribunal suprême existait, on verrait à l'instant même le conseil des mines mettre moins de soins dans l'examen des affaires qui lui sont confiées. Etant moins pénétré de l'importance de ses décisions, il serait tenté d'agir avec plus de légèreté.

Aujourd'hui toutes les affaires de concessions de mines subissent l'épreuve d'une triple instruction correspondant en réalité à trois juridictions distinctes et parfaitement indépendantes les unes des autres.

Il existe d'abord les avis et rapports des ingénieurs des mines.

Vient ensuite l'avis de la députation permanente.

La décision du conseil des mines arrive en troisième lieu.

De ces trois corps, qui agissent chacun de leur côté avec une entière liberté, le premier fournit les données de la science, il trace les règles de l'art, il procure tous les renseignements techniques, capables d'éclairer l'administration ; le second, à l'aide de ses relations, est en état de faire connaître la position sociale des demandeurs, leur capacité, leur moralité, les besoins du commerce et de l'industrie, les motifs d'intérêt public ou de convenance qui peuvent militer en faveur de tel ou tel concurrent, etc. ; le troisième, enfin, est placé dans une sphère qui lui permet de juger, avec calme et impartialité, tous les intérêts qui se débattent devant lui et de les apprécier en connaissance de cause.

J'ai déjà exposé les diverses analogies qui existent entre les mines et les cours d'eau non navigables, et j'ai exprimé l'idée qu'il fallait soumettre l'usage de ceux-ci à des règles semblables à celles qu'on applique à l'usage des mines. J'ai dit qu'il fallait partir de ce principe que tout usage des eaux, pour être légitime, devait au préalable, être autorisé par l'administration, après l'accomplissement de certaines formalités.

La seule objection qu'il soit possible d'élever contre ce système, consiste à dire qu'il rendrait l'administration l'arbitre de la distribution des eaux et de la fortune de quelques citoyens.

Or, si l'expérience a prouvé que cette objection n'a aucune valeur en ce qui concerne les mines, qui certes ont une importance bien plus grande que les cours d'eau, elle doit être également insignifiante pour ces derniers. Elle l'est d'autant plus que la loi peut poser, à l'égard de l'usage des eaux, des règles plus précises que celles qu'elle a formulées pour la concession des mines. Le lecteur se rappellera ce que j'ai dit là-dessus et il n'aura aucune peine d'admettre qu'ici il est très-facile de prévenir l'apparence même de tout arbitraire.

Remarquons enfin que, dans cette matière, il serait absurde de poursuivre la réalisation d'un idéal impossible. Étant constaté qu'il s'agit de la mise à fruit d'une espèce de biens dont l'appropriation et le partage exigent nécessairement l'intervention du Gouvernement, il suffit d'imposer à celui-ci l'observation de certaines règles et des formalités les plus propres à éclairer ses décisions et à prévenir l'arbitraire. Après cela, on peut être convaincu que les abus qui pourraient encore se produire, sont de ceux qu'il faut se résigner à subir, parce qu'ils sont inhérents à la nature humaine.

102. J'ai déjà dit un mot de la nécessité de faire régler, par la loi, l'usage des eaux souterraines, qu'on recueille au moyen de galeries (du Domaine public, etc., n° 72 et suiv.). L'octroi des concessions de cette espèce pourrait être assujetti à des formalités analogues à celles que je viens d'exposer dans les numéros qui précèdent. Remarquons cependant que l'emploi des eaux souterraines ne peut jamais être qu'un objet d'utilité publique ou communale; cette circonstance devrait permettre de simplifier beaucoup les formalités et la marche administrative tracées par la loi du 21 avril 1810. Il suffirait, me semble-t-il, d'autoriser le Gouvernement à décréter l'utilité publique de ces travaux; il déterminerait la nature des ouvrages à faire, les précautions à prendre, les niveaux à garder pour ménager les puits de la surface, etc. La loi devrait en outre consacrer, en faveur des concessionnaires, le droit d'aqueduc, moyennant indemnité, sur les propriétés privées, pour la distribution des eaux.

§ 5.

DE L'USAGE DES BIENS DE LA COMMUNAUTÉ UNIVERSELLE.

Observations préliminaires, 103. — *De la mer*, 104. — *De la lumière*, 105. — *De l'air atmosphérique*, 106.

103. Les biens de la communauté universelle sont : la mer, la lumière et l'air atmosphérique.

Je ne pouvais en parler dans ma première étude où il s'agissait d'exposer les caractères du domaine public et les règles qui doivent servir à définir et à délimiter les biens dont il se compose; ceux de la communauté universelle sont indéfinis et illimités par essence; considérés dans leur ensemble ils échappent absolument à toute appropriation privée; cependant comme ils sont destinés à satisfaire aux premiers et aux plus impérieux besoins de notre nature, sans cesser de rester dans leur état essentiel d'indivision, la manière dont l'homme en jouit et en fait usage doit nécessairement être assujettie à quelques règles et à certaines limites. Ces règles trouveront leur place dans le travail que j'ai préparé sur la police des travaux publics, lorsque je traiterai des mesures qui se rattachent à la salubrité et à l'hygiène publique. Il importe de remarquer cependant que lorsqu'il s'agit des biens de la communauté universelle, la question de police se confond tellement avec la question d'usage qu'il est assez difficile de distinguer l'un de l'autre.

Pour rester conséquent avec les divisions que j'ai admises pour chacune de ces études sur le domaine public, je me bornerai à apprécier et à préciser ici l'étendue des droits d'usages que les particuliers possèdent sur les biens de la communauté universelle.

104. Je n'ai rien de particulier à dire de l'usage de la mer. Elle forme à la surface du globe une plaine immense que sillonnent dans tous les sens les navires et embarcations de tous les peuples. La mer proprement dite est ouverte à tout le monde : c'est un vaste champ dont chacun dispose à son gré et suivant ses besoins. S'il y a quelques exceptions pour certaines mers fermées, c'est que des raisons de sécurité ou d'existence ont déterminé les nations riveraines à les considérer comme participant de la nature des lacs dont la propriété peut être limitée. Tout ce qui concerne l'usage des mers situées dans cette catégorie est réglé par des traités internationaux dont l'étude fait partie du droit des gens.

105. L'usage de la lumière est illi-

mité de sa nature. Il ne peut être soumis à aucune restriction; chacun a un droit absolu à celle qui correspond aux dimensions de son héritage. Il est vrai que le voisin peut construire à la limite de son bien des édifices aussi élevés qu'il le juge convenable et qu'il peut ainsi ôter du jour à l'héritage qui le touche, mais c'est que le droit de cet héritage se borne à la portion de lumière qui correspond exactement et directement à ses dimensions. Le droit romain exprimait cette vérité en disant: Cujus est solum ejus est cælum. Mais la lumière ne nous arrive pas seulement directement par la portion du ciel qui s'étend au-dessus de nous, elle nous parvient aussi par *réflexion*. Cette observation est importante en ce qui concerne la voie publique surtout à l'intérieur des villes. La portion de lumière qui correspond à la largeur des rues est souvent trop restreinte à cause du peu d'étendue de celles-ci; de là la nécessité de prendre certaines mesures pour empêcher l'absorption trop grande des rayons limineux par les façades des maisons et pour conserver à la voie publique le plus de clarté possible. Il peut y avoir lieu d'imposer de ce chef certaines obligations aux particuliers et quelques restrictions au libre usage de la propriété. Mais la loi a omis jusqu'à cette heure de s'expliquer sur ce point et comme la mesure dont il s'agit ici est surtout une mesure de police, je n'en parlerai pas ici.

106. Si chacun a un droit absolu à la portion de lumière directe qui correspond à l'étendue de son héritage, il est loin d'en être ainsi pour l'air atmosphérique. Celui-ci est essentiellement mobile de sa nature : il circule d'un lieu à un autre au gré des vents et de la température et de là résulte un état de choses qui donne naissance à certains droits pour les particuliers et à des obligations dont il importe de se rendre un compte exact.

Le droit romain en posant cette maxime : que chacun possède l'étendue du ciel qui correspond à celle de son héritage n'a pu ni n'a voulu dire que chacun avait le droit de disposer avec une liberté entière et illimitée de la portion d'air qui circule au-dessus de lui. Cet air appartient à tout le monde : chacun peut en user sans doute et l'approprier à son usage, mais à la condition de ne pas le vicier ni le rendre impropre à l'usage du voisin.

Cette vérité si simple semble aujourd'hui à peu près méconnue ou du moins remise en question. On a disserté et l'on disserte encore en ce moment à perte de vue sur le droit que revendique le gouvernement d'imposer des conditions et des restrictions à l'existence et à l'exploitation de certains établissements ou usines qui remplissent l'air de vapeurs malfaisantes et délétères comme s'il s'agissait de porter une atteinte directe au droit de propriété ou de le restreindre.

Mais qui ne voit que lors même qu'on reconnaîtrait au propriétaire du sol le droit d'en user et d'en abuser à son gré, sans aucun souci des réglements de police destinés à assurer le maintien du bon ordre et de la salubrité publique, on ne pourrait dans tous les cas étendre ce droit à l'usage de l'air atmosphérique qui n'appartient à personne et auquel chacun a un droit égal.

Je sais bien que par là on admet indirectement une restriction au droit de propriété. Mais elle résulte de la nature même des choses et à ce titre elle est parfaitement légitime et personne ne peut s'en plaindre. Le droit de propriété est nécessairement circonscrit au sol et à ses accessoires; il est impossible d'y comprendre l'usage d'un bien de la communauté universelle qui en est distinct de sa nature.

Les droits d'usage que les particuliers exercent sur l'air atmosphérique sont donc nécessairement limités par ceux de la généralité. J'ai dit, dans ma première étude, quels sont les droits de l'Etat lorsqu'il s'agit de défendre les biens du Domaine public contre toute atteinte de la part des particuliers [1]. Ses droits ne sont pas moins certains lorsqu'il s'agit de prescrire les mesures de police qui assurent la conservation et la salubrité du bien le plus indispensable au maintien de la vie et de la santé.

Je ne m'étendrai pas ici sur les dispositions que doit renfermer la législation des établissements insalubres. Il me suffit d'avoir posé le principe même de cette législation, et d'avoir défini les droits d'usage des particuliers sur les biens de la communauté universelle. C'est dans le livre de la police que je pourrai revenir sur ce sujet pour l'envisager dans ses détails et formuler les règles que réclament l'hygiène et la sécurité publiques; c'est aussi dans ce livre que j'aurai à examiner la question de savoir si un simple arrêt royal suffit pour établir les conditions que l'on doit imposer aux établissements qui peuvent vicier l'air par leurs émanations.

---

[1] Du Domaine public, n° 27.

www.ingramcontent.com/pod-product-compliance
Ingram Content Group UK Ltd.
Pitfield, Milton Keynes, MK11 3LW, UK
UKHW022053070726
13613UKWH00002B/799